한식조리기능사실기

한식조리기능사실기

초판인쇄 | 2020년 2월 4일
초판발행 | 2020년 2월 7일

저　　자 | 배혜숙, 김옥현, 김은혜
발 행 인 | 이성범
발 행 처 | 문운당
주　　소 | 서울시 종로구 혜화로5길 16(명륜1가 45-3)
전　　화 | (02)762-6010
팩　　스 | 영업(02)745-0265/편집(02)762-8758
이 메 일 | 영업 munun2@chol.com
편집 munundang@naver.com
홈페이지 | http://munundang.co.kr

ISBN 979-11-5692-463-0 13590

정가 23,000원

한식조리기능사실기

배혜숙, 김옥현, 김은희 지음

문운당

특징을 알고 보면 합격이 보장됩니다!

한국 산업 인력 공단의 개정된 출제 기준에 따라 실기시험 공개 문제 31가지 메뉴의 채점기준을 분석하여 다음 사항에 역점을 두어 만들었습니다.

STEP 1 한국 산업 인력 공단에서 제공하는 지급 재료와 요구사항을 기준으로 레시피를 만들었습니다.

STEP 2 새로 개정·추가된 항목의 공개 문제를 수정·보안하여 만드는 법을 순서에 따라 설명하여 이해력을 높이고 수험생 스스로 실습이 가능하도록 하였습니다.

STEP 3 실기시험 채점과 직결되는 조리법을 자세한 설명과 Point로 보충 설명하였습니다.

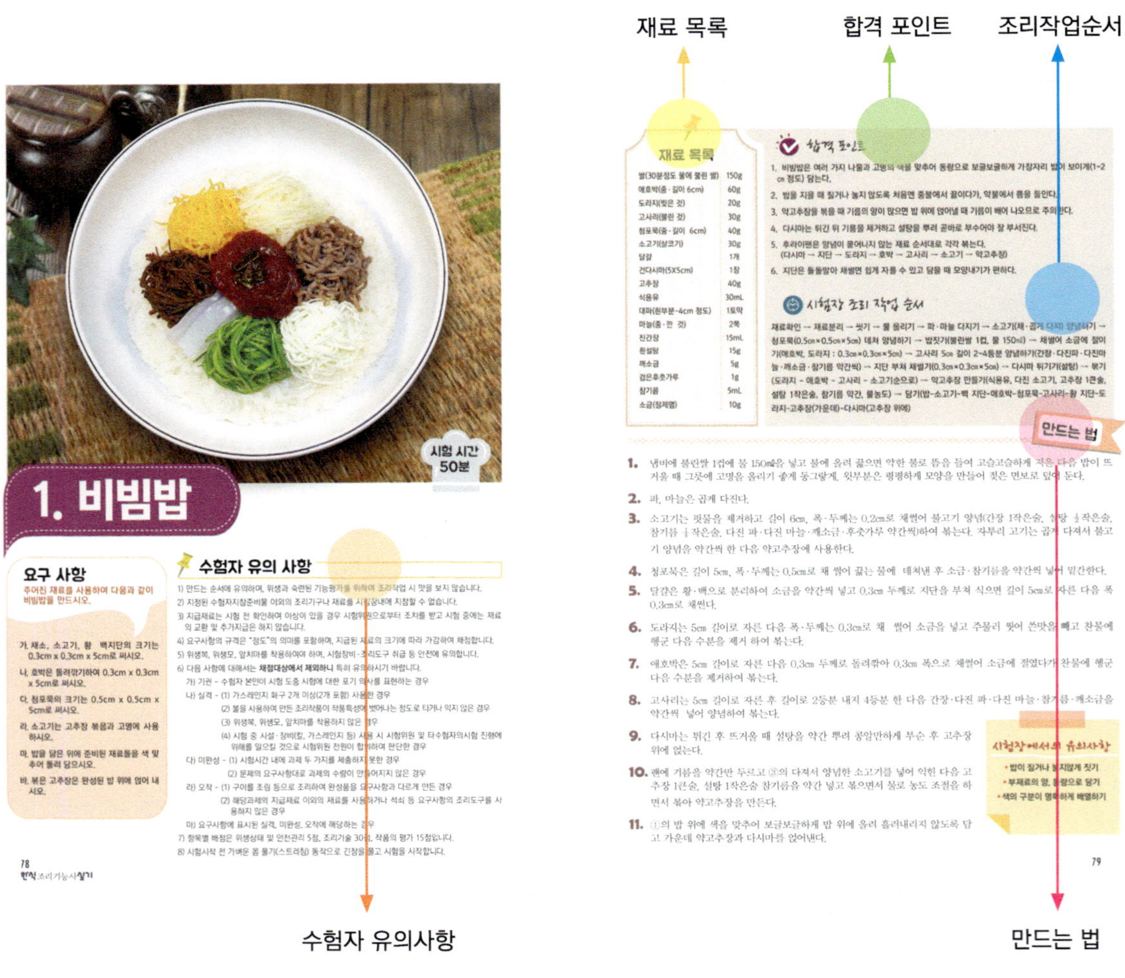

책을 펴내며...

최근 요리문화는 국제화와 더불어 우리에게 매우 친숙하게 다가왔으며 고급화, 서구화, 기호화되어 다양하게 변화되어 접근해 오고 있습니다. 이러한 흐름에 따라 음식문화가 전문성, 다양성을 요구하게 되었으며 호텔과 외식산업의 관심도가 높아져 전문성을 가진 조리사 자격증에 대한 선호도가 더욱 증대되는 시대가 되었습니다.
21세기 지식 정보화 사회에서 자신의 능력을 인정받게 될 직업 중의 하나가 바로 조리사입니다.
조리사는 학력과 관계없이 능력에 따라 대우를 받는 것이 가장 큰 매력입니다.

이 교재는 요리에 관심을 가지고 조리 전문가가 되기 위해 노력하는 조리학과 학생과 현장에서 조리를 하시는 조리사, 식단작성 및 급식관리를 담당하는 영양사, 식품영양학과 학생들, 급식관리사 등 한식 자격증을 취득하고자 하는 모든 분들을 위해 같이 시험을 준비하는 마음으로 책을 보는 것만으로도 이해하기 쉽고 따라하기 쉽게 만들고자 오랜 기간에 걸쳐 자세하게 집필하였으며, 실기공개문제 31가지의 출제문제와 더불어 채점 기준을 분석하여 다음 사항에 역점을 두었습니다.

이번 산업인력 공단에서 한식조리기능사 실기시험에 관한 출제기준을 개정함에 따라 기존의 요구사항, 유의사항, 지급재료 등을 새로 바뀐 내용으로 완벽하게 수정, 보완하였으며 기본적인 한식조리 실기 기능을 습득하여 시험에 대비할 수 있도록 최신 출제기준에 맞추어 조리과정에 대하여 재료 하나하나 마다 실전 경험으로 설명하였고, 중요한 부분은 Point로 정리하여 출제기준에 맞게 만들었습니다.

특히 한식조리 실기시험을 준비하는 수험생 여러분들이 알고 싶어하는 노하우를 교재로 구성함으로써 실질적인 길잡이가 되도록 자세하게 설명하였습니다.

본 교재를 통하여 모든 분들이 조리사자격시험에 합격하시어 전문가로 성장하기를 바라면서, 한식요리 기본을 익히시고자 하는 분들께 조금이나마 도움이 되었으면 합니다.
의욕과 열정으로 집필하였으나 학문의 길은 끝이 없음을 새삼 느끼게 되었고 여러분의 아낌없는 조언을 기대하며 실기시험 감독 및 현장 실무·실전 경험을 토대로 실질적인 내용이 될 수 있도록 지속적으로 수정, 보완할 것을 약속드리겠습니다.

끝으로 본 교재가 발행될 수 있도록 기회를 주시고 출판에 애써주신 문운당 이성범 사장님과 김홍룡 상무님, 기획편집부 임직원 여러분께도 진심으로 감사드리며 집필에 도움을 주신 관계전문가 연구원 및 교수님 여러분과 항상 곁에서 힘이되고 격려를 아끼지 않은 나의 사랑하는 가족과 도움을 주신 모든 분들께 진심으로 감사드립니다.

저자 드림

Let's
COOKING

CONTETNS

CHAPTER 01

NCS (국가직무능력표준) 안내

〈자료 인용 및 출처〉

이 책은 한국산업인력공단에서 실시하는 중식조리기능사 자격시험을 준비하기 위해 저술된 것으로, 모든 내용을 2020년도에 전면 개정된 시험 조건에 최적화 했다. 따라서 학계의 이론적 이견이 있을 수 있는 사항은 교육부의 NCS 학습모듈 기준에 맞추는 것을 기본으로 했다. 특히 중식재료관리나 조리와 관련한 사항은 NCS학습자료를 반영하는 것을 원칙적으로 했다. 다만, 공단에서 추구하는 내용이 NCS와 체계를 일부 달리할 경우에는 공단의 출제기준을 채택했다. 예를 들어 '재료관리'의 경우 NCS에서는 식재료의 저장과 같이 물리적 관리를 말하지만 공단에서는 식품학적 관점에서 조리 재료의 화학적 요건을 출제기준으로 삼고 있는 것과 같다.

CHAPTER 01

NCS(국가직무능력표준) 안내

1. NCS의 개념 국가직무능력표준(NCS, National Competency Standards)은 산업현장에서 직무를 수 행하기 위해 요구되는 지식·기술·태도 등의 내용을 국가가 체계화한 것이다.

2. NCS 개념도

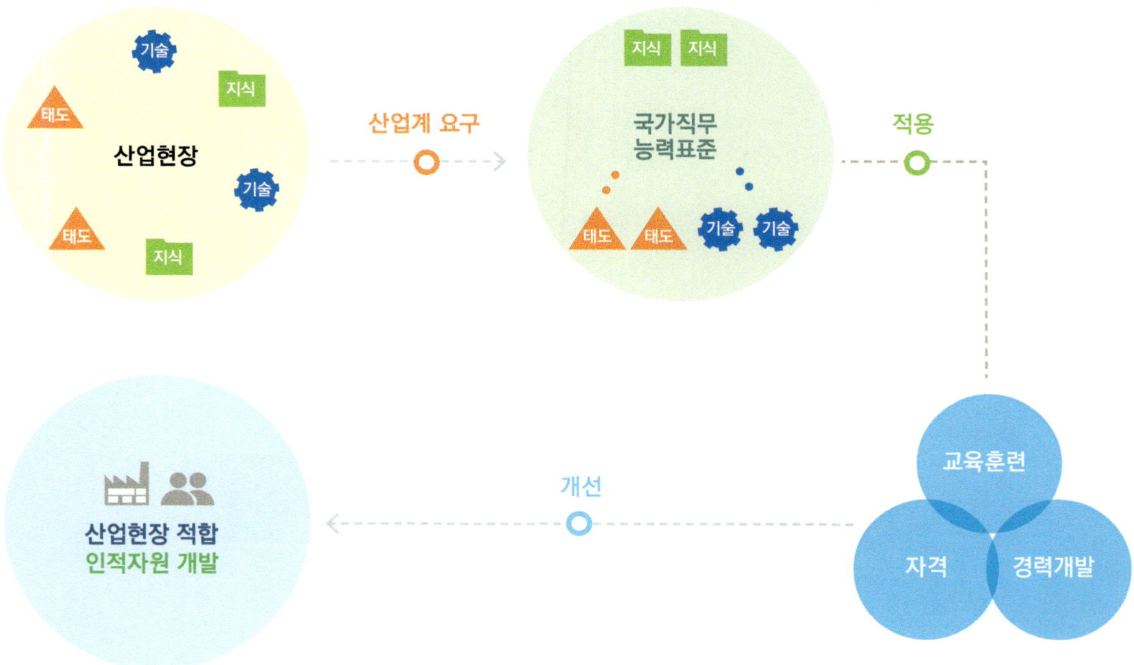

NCS 안내
(국가직무능력표준)

3. NCS 학습모듈(24개 분야)

4. 음식서비스 학습모듈 호출(접근)방법

13. 음식서비스

중분류	소분류	세분류	능력단위
01. 식음료조리·서비스	01. 음식조리	01.한식조리	
	02. 식음료서비스	02. 양식조리	
	03. 외식경영	03. 중식조리	
		04. 일식·복어조리	

5. NCS 학습모듈 체계도

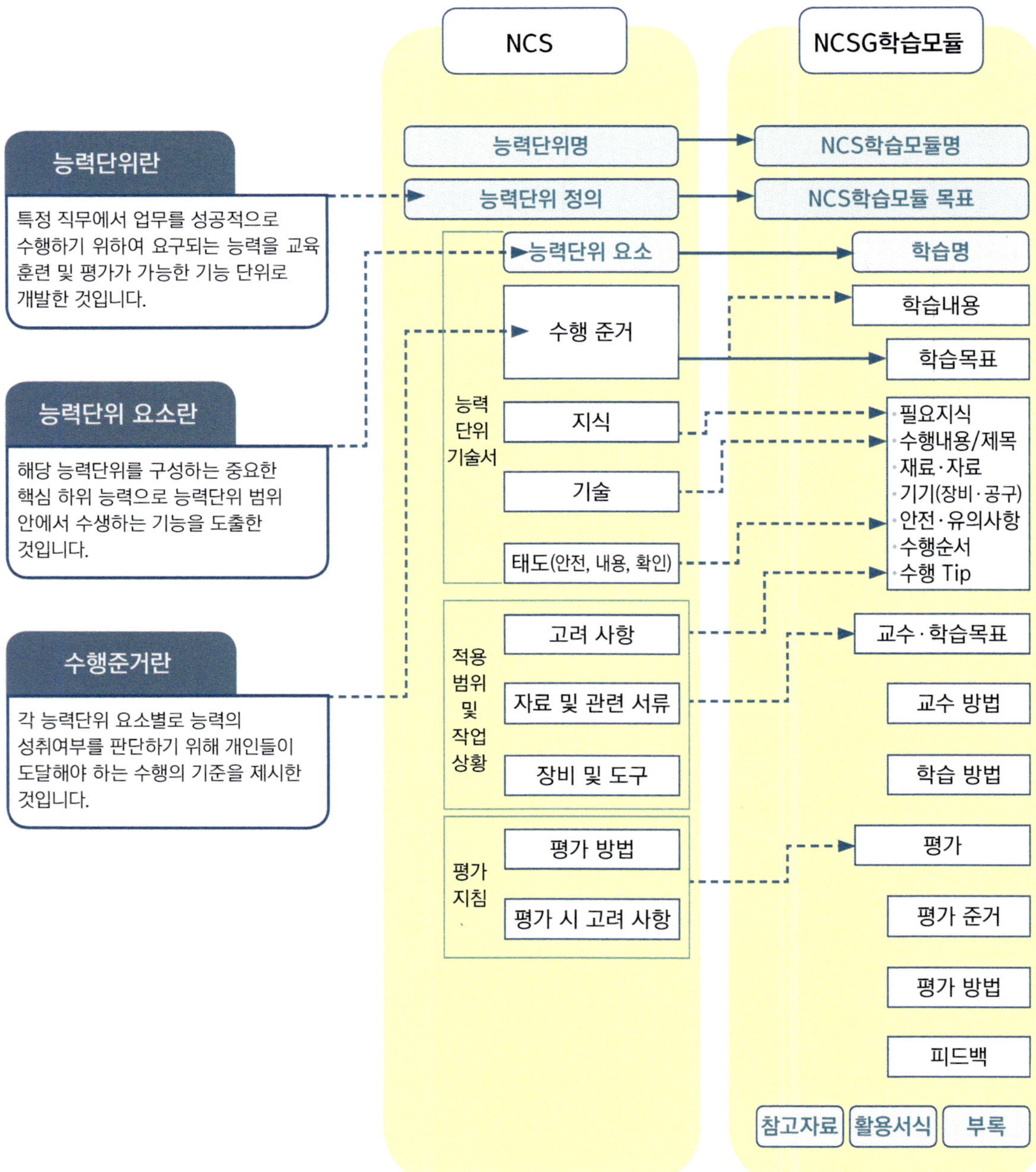

NCS 안내 (국가직무능력표준)

CBQ(과정평가형자격) 안내

1. 과정평가형 자격

국가직무능력표준(NCS : National Competency Standards)으로 설계된 교육·훈련과 정을 체계적으로 이수하고 내·외부 평가를 거쳐 취득하는 국가기술자격이다.

2. 도입배경

산업현장 일 중심으로 직업교육·훈련과 자격의 유기적 연계 강화로 현장 맞춤형 우수 기술인재 배출을 위해 과정평가형 자격제도를 도입하였습니다. (국가기술자격법 10조 개 정 신설, '14.5.20)

3. 기존 검정형 자격제도와의 차이점

구분	검정형	과정형
응시자격	학력, 경력요건 등 응시요건 충족시	해당 과정을 이수한 누구나
평가방법	지필평가·실무평가	내부평가·외부평가
협격기준	필기 : 평균 60점 이상/실기: 60점 이상	내부평가와 외부평가 결과를 1:1로 반영하여 평균 80점 이상
자격증	기재내용 : 자격종목, 인적사항	검정형 기재내용+교육·훈력기관명, 교육·훈련기간 및 이수시간, NCS 능력단위명

4. 제도의 장점

가. 자격취득희망자(구직자)

a. 누구나 참여

㉠ 해당 교육·훈련을 성실히 이수할 수 있는 사람

㉡ 별도 응시자격 없이 기능사, 산업기사, 기사 응시 가능

b. 현장 중심 교육
  ㉠ 산업 현장 중심의 지식, 기술 습득
  ㉡ NCS 기반의 체계적 교육·훈련으로 경력개발 유리

c. 교육과 훈련이 곧 자격취득
  ㉠ 1차 평가(지필)은 한국산업인력공단 지정장소, 2차 평가(실무)는 교육·훈련기 관에서 평가 시행
  ㉡ 교육·훈련을 받은 모든 능력단위가 기재된 과정평가형 자격증 발급

d. 과정 참여혜택
  ㉠ 계좌제 훈련의 경우 400만원 한도에서 자비부담 면제
  ㉡ 별도의 상담기간 없이 참여가능

나. 교육&훈련기관
  a. NCS 기반 과정 운영 컨설팅 지원
  b. 과정평가형 자격 운영기관으로서 범국민적 홍보 가능
  c. 민간직업훈련기관의 경우 훈련생 모집에 유리

다. 기업
  a. 실무 중심의 자격 취득자 채용용이
  b. 채용 및 교육·훈련비용 절감 가능
  c. 근로자 경력 개발 체계 구축용이

NCS 안내 (국가직무능력표준)

NCS(국가직무능력표준) 주안점

밥조리

능력단위 정의 : 한식 밥 조리는 쌀을 주재료로 하거나 혹은 다른 곡류나 견과류, 육류, 채소류, 어패류 등을 섞어 물을 붓고 불의 강약을 조절하여 호화되게 조리하는 능력이다.

수 행 준 거 : 1. 쌀과 잡곡의 비율을 필요량에 맞게 계량 할 수 있다.
2. 쌀과 잡곡을 씻고 용도에 맞게 불리기를 할 수 있다.
3. 부재료는 조리법에 맞게 손질 할 수 있다.
4. 돌솥, 압력솥 등 사용할 도구를 선택하고 준비할 수 있다.

1. 비빔밥(50분)

2. 콩나물밥(30분)

죽조리

능력단위 정의 : 한식 죽 조리는 곡류 단독으로 또는 곡류와 견과류, 채소류, 육류, 어패류 등을 함께 섞어 물을 붓고 불의 강약을 조절하여 호화되게 조리하는 능력이다.

수 행 준 거 : 1. 사용할 도구를 선택하고 준비할 수 있다.
2. 쌀 등 곡류와 부재료를 필요량에 맞게 계량 할 수 있다.
3. 곡류를 용도에 맞게 불리기를 할 수 있다.
4. 조리법에 따라서 쌀 등 재료를 갈거나 분쇄 할 수 있다.
5. 부재료는 조리법에 맞게 손질 할 수 있다.

3. 장국죽(30분)

국·탕조리

능력단위 정의 : 한식 국·탕조리란 육류나 어류 등에 물을 많이 붓고 오래 끓이거나 육수를 만들어 채소나 해산물, 육류 등을 넣어 조리하는 능력이다.

수 행 준 거 : 1. 조리 종류에 맞추어 도구와 재료를 준비할 수 있다.
2. 조리에 사용하는 재료를 필요량에 맞게 계량할 수 있다.
3. 재료에 따라 요구되는 전 처리를 수행할 수 있다.
4. 찬물에 육수재료를 넣고 끓이는 시간과 불의 강도를 조절할 수 있다.
5. 끓이는 중 부유물을 제거하여 맑은 육수를 만들 수 있다.
6. 육수의 종류에 따라 냉, 온 으로 보관할 수 있다.

4. 완자탕(30분)

CHAPTER 01

찌개조리

능력단위 정의 : 한식 찌개조리란 육수나 국물에 장류나 젓갈로 간을 하고 육류, 채소류, 버섯류, 해산물류를 용도에 맞게 썰어 넣어함께 끓여내는 조리 능력이다.

수 행 준 거 : 1. 조리종류에 따라 도구와 재료를 준비할 수 있다.

2.. 조리에 사용하는 재료를 필요량에 맞게 계량 할 수 있다.

3. 재료에 따라 요구되는 전 처리를 수행 할 수 있다.

4. 찬물에 육수 재료를 넣고 서서히 끓일 수 있다.

5. 끓이는 중 부유물과 기름이 떠오르면 걷어내어 제거할 수 있다.

6. 조리종류에 따라 끓이는 시간과 불의 강도를 조절 할 수 있다.

5. 생선찌개(30분)

6. 두부젓국찌개(20분)

구이조리

능력단위 정의 : 한식 구이조리란 육류, 어패류, 채소류, 버섯류 등의 재료를소금이나 양념장에 재워 직접, 간접 화력으로 익혀낼 수 있는 능력이다.

수 행 준 거 : 1. 사용할 도구를 선택하고 준비할 수 있다.

2. 조리에 사용하는 재료를 필요량에 맞게 계량할 수 있다.

3. 재료에 따라 요구되는 전 처리를 수행할 수 있다.

4. 양념장 재료를 비율대로 혼합, 조절할 수 있다.

5. 필요에 따라 양념장을 숙성할 수 있다.

7. 제육구이(30분)

8. 너비아니구이(25분)

9. 더덕구이(30분)

10. 생선양념구이(30

11. 북어구이(20분)

전·적조리

능력단위 정의 : 한식 전·적 조리란 육류, 어패류, 채소류 등의 재료를 익기 쉽게 썰고 그대로 혹은 꼬치에 꿰어서 밀가루와 달걀물을 입힌 후 기름을 두르고 지져내는 능력이다.

수 행 준 거 :
1. 전·적의 조리종류에 따라 도구와 재료를 준비할 수 있다.
2. 조리에 사용하는 재료를 필요량에 맞게 계량할 수 있다.
3. 전·적의 종류에 따라 재료를 전 처리하여 준비할 수 있다.

12. 섭산적(30분)

13. 화양적(35분)

14. 지짐누름적(35분)

15. 풋고추전(25분)

16. 표고전(20분)

17. 생선전(25분)

18. 육원전(20분)

조림·초조리

능력단위 정의 : 한식 조림·초 조리란 육류, 어패류, 채소류 등에 간장양념물을 넣어 국물이 거의 없도록 조림 조리를 할 수 있는 능력이다.

수 행 준 거 :
1. 조림·초 조리에 따라 도구와 재료를 준비할 수 있다.
2. 조리에 사용하는 재료를 필요량에 맞게 계량할 수 있다.
3. 조림·초 조리의 재료에 따라 전 처리를 수행할 수 있다.
4. 양념장 재료를 비율대로 혼합, 조절할 수 있다.
5. 필요에 따라 양념장을 숙성할 수 있다.

19. 두부조림(25분)

20. 홍합초(20분)

CHAPTER 01

생채·회조리

능력단위 정의 : 한식 생채·회조리란 채소를 살짝 절이거나 생것을 양념하는 조리이며 회 조리는 데치거나 생것을 신선한 상태로 조리 할 수 있는 능력이다.

수 행 준 거 : 1. 생채·회의 종류에 맞추어 도구와 재료를 준비할 수 있다.

2. 조리에 사용하는 재료를 필요량에 맞게 계량할 수 있다.

3. 재료에 따라 요구되는 전 처리를 수행할 수 있다.

21. 겨자채(35분)

22. 도라지생채(15분)

23. 무생채(15분)

24. 더덕생채(20분)

25. 육회(20분)

26. 미나리강회(35분)

숙채조리

능력단위 정의 : 한식 숙채조리란 채소를 손질하여 물에 데치거나 삶아 양념으로 무치거나 볶아서 조리할 수 있는 능력이다.

수 행 준 거 : 1. 숙채의 종류에 맞추어 도구와 재료를 준비할 수 있다.

2. 조리에 사용하는 재료를 필요량에 맞게 계량할 수 있다.

3. 재료에 따라 요구되는 전 처리를 수행할 수 있다.

27. 탕평채(35분)

28. 잡채(35분)

29. 칠절판(40분)

NCS 안내 (국가직무능력표준)

볶음조리

능력단위 정의 : 한식 볶음 조리란 육류, 어패류, 채소류 등에 간장이나 고추장 양념을 넣어 재료에 맛이 충분히 배이도록 볶음조리를 할 수 있는 능력이다.

30. 오징어볶음(30분)

수 행 준 거 :
1. 볶음조리에 따라 도구와 재료를 준비할 수 있다.
2. 조리에 사용하는 재료를 필요량에 맞게 계량할 수 있다.
3. 볶음조리의 재료에 따라 전 처리를 수행할 수 있다.
4. 양념장 재료를 비율대로 혼합, 조절하여 만들 수 있다.
5. 필요에 따라 양념장을 숙성할 수 있다.

기초조리

능력단위 정의 : 한식 기초조리실무는 한식조리를 수행함에 있어 칼 다루기, 기본 고명 만들기, 한식 기초 조리법 등 기본적인 지식을이해하고 기능을 익혀 조리업무에 활용할 수 있는 능력이다.

31. 재료썰기(25분)

수 행 준 거 :
1. 칼의 종류와 사용용도를 이해할 수 있다.
2. 기본 썰기방법을 습득할 수 있다.
3. 조리목적에 맞게 식재료를 썰 수 있다.
4. 칼을 연마하고 관리할 수 있다.

CHAPTER 02

한식조리 기능사 시험안내

CHAPTER 02

검정형 자격 시험정보

시험수수료

필기 : 11,900원 / – 실기 : 26,900원

출제경향

– 요구작업 내용 · 지급된 재료를 갖고 요구하는 작품을 시험 시간 내에 1인분을 만들어내는 작업.
– 주요 평가내용 · 위생상태(개인 및 조리과정) · 조리의 기술(기구취급, 동작, 순서, 재료다듬기 방법)
· 작품의 평가 · 정리정돈 및 청소

출제기준

기존 한식조리기능사 출제기준은 2019.12.31까지 적용됩니다.
2020년부터는 한식조리기능사 출제기준(2020~)파일이 적용됩니다.
메뉴상단 고객지원-자료실-출제기준 에서도 보실 수 있습니다.

공개문제

메뉴상단 고객만족〉자료실**에서도 보실 수 있습니다.**

취득방법

① 시행처 : 한국산업인력공단
② 시험과목 - 필기 : 식품위생 및 관련법규, 식품학, 조리이론 및 급식관리, 공중보건 - 실기 : 한식조리작업
③ 검정방법 - 필기 : 객관식 4지 택일형, 60문항 (60분) - 실기 : 작업형 (70분 정도)
④ 합격기준 : 100점 만점에 60점 이상.

★2020년 시험과목 변경사항 안내

국가기술자격법 시행규칙 개정('18.6.22)*에 따라 해당 종목의 필기·실기시험 과목이 2020년부터 아래와 같이 시행될 예정입니다.

구분		현행	변경(2020년 적용)	비고
시험과목	필기시험	식품위생 및 관련법규, 식품학, 조리이론 및 급식관리, 공중보건	한식 재료관리, 음식조리 및 위생관리	국가직무능력표준(NCS)을 활용하여 현장직무중심으로 개편
	실기시험	한식조리 작업	한식조리 실무	

★국가법령정보센터(www.law.go.kr)→국가기술자격법 시행규칙(고용노동부령 제222호)→별표/서식→별표8 참조
★조리분야 기능사 5종목 필기시험은 2020년부터 기존 공통과목에서 종목별 평가로 변경됩니다.

한식조리기능사 시험안내

과정평가형 자격 취득 정보

※ 위 자격은 과정평가형으로도 취득할 수 있습니다.
- 단, 해당종목을 운영하는 교육훈련기관이 있어야 가능

- 과정평가형 자격은 NCS 능력단위를 기반으로 설계된 교육·훈련과정을 이수한 후 평가를 통해 국가기술 자격을 부여하는 새로운 자격입니다.
- 더 자세한 사항은 아래의 링크를 통하여 확인하시기 바랍니다.
  https://c.q-net.or.kr

개요

한식, 중식, 일식, 양식, 복어조리 부문에 배속되어 제공될 음식에 대한 계획을 세우고 조리할 재료를 선정, 구입, 검수하고 선정된 재료를 적정한 조리기구를 사용하여 조리업무를 수행하며 음식을 제공하는 장소에서 조리시설 및 기구를 위생적으로 관리, 유지하고, 필요한 각종 재료를 구입, 위생학적, 영양학적으로 저장 관리하면서 제공될 음식을 조리·제공하기 위한 전문인력을 양성하기 위하여 자격제도 제정.

수행직무

한식조리부문에 배속되어 제공될 음식에 대한 계획을 세우고 조리할 재료를 선정, 구입, 검수하고 선정된 재료를 적정한 조리기구를 사용하여 조리업무를 수행함 또한 음식을 제공하는 장소에서 조리시설 및 기구를 위생적으로 관리, 유지하고, 필요한 각종 재료를 구입, 위생학적, 영양학적으로 저장 관리하면서 제공될 음식을 조리하여 제공하는 직종임.

CHAPTER 02

수행준거

1. 음식조리 작업에 필요한 위생관련 지식을 이해하고, 주방의 청결상태와 개인위생·식품위생을 관리하여 전반적인 조리작업을 위생적으로 수행할 수 있다.
2. 한식조리를 수행함에 있어 칼 다루기, 기본 고명 만들기, 한식 기초 조리법 등 기본적인 지식을 이해하고 기능을 익혀 조리업무에 활용할 수 있다.
3. 쌀을 주재료로 하거나 혹은 다른 곡류나 견과류, 육류, 채소류, 어패류 등을 섞어 물을 붓고 강약을 조절하여 호화되게 밥을 조리할 수 있다.
4. 곡류 단독으로 또는 곡류와 견과류, 채소류, 육류, 어패류 등을 함께 섞어 물을 붓고 불의 강약을 조절하여 호화되게 죽을 조리할 수 있다.
5. 육류나 어류 등에 물을 많이 붓고 오래 끓이거나 육수를 만들어 채소나 해산물, 육류 등을 넣어 한식 국·탕을 조리할 수 있다.
6. 육수나 국물에 장류나 젓갈로 간을 하고 육류, 채소류, 버섯류, 해산물류를 용도에 맞게 썰어 넣고 함께 끓여서 한식 찌개를 조리할 수 있다.
7. 육류, 어패류, 채소류 등의 재료를 익기 쉽게 썰고 그대로 혹은 꼬치에 꿰어서 밀가루와 달걀을 입힌 후 기름에 지져서 한식 전·적 조리를 할 수 있다.
8. 채소를 살짝 절이거나 생것을 영념하여 생채·회조리를 할 수 있다.

직무내용

한식메뉴 계획에 따라 식재료를 선정, 구매, 검수, 보관 및 저장하며 맛과 영양을 고려하여 안전하고 위생적으로 음식을 조리하고 조리기구와 시설관리를 수행하는 직무이다.

한식조리기능사시험의 목표

한식조리기능사 시험은 한식의 상품성 있는 모양이나 맛을 테스트하는 것이 아니라, 불특정 다수인 또는 지속적인 취식 대상의 위생과 건강에 유해하지 않게, 그리고 한식 고유의 조리법에 대해 과학적인 관점과 기술을 보유하고 있는 지를 확인하는 관정이다. 그럼으로써 해당 조리사가 제조한 한식에 대한 위생, 세리피의 표준화, 맛과 모양 및 조리결과의 균질성을 유지하여 고객으로 하여금 보건상 문제와 경제적 손실을 회피하고 만족스런 한식 서비스를 향유할 수 있도록 할 수 있는 지를 점검하는 것이다. 따라서 한식조리기능사 시험의 합격은 한식요기사로서의 기술을 완성했다는 인증이 아니라 프로 요리사로서 입문해도 된다는 허용의 절차인 것이다.

한식조리기능사 시험안내

진로 및 전망

식품접객업 및 집단 급식소 등에서 조리사로 근무하거나 운영이 가능함. 업체간, 지역간의 이동이 많은 편이며 고용과 임금에 있어서 안정적이지는 못한 편이지만, 조리에 대한 전문가로 인정받게 되면 높은 수익과 직업적 안정성을 보장받게 된다.

- 식품위생법상 대통령령이 정하는 식품접객영업자(복어조리, 판매영업 등)와 집단급식소의 운영자는 조리사 자격을 취득하고, 시장·군수·구청장의 면허를 받은 조리사를 두어야 한다.
- 관련법 : 식품위생법 제34조, 제36조, 같은법 시행령 제18조, 같은법 시행규칙 제46조

응시자격기준

조리기능사(한식, 양식, 일식, 중식, 복어) : 응시 자격에 제한이 없음.

원서 접수 방법

인터넷 홈페이지 접수 : **Q-net(http://www.qnet.or.kr)** ⇨ 발급안내 ⇨ 자격증 선택 ⇨ 선택 확인 ⇨ 신청서 작성 ⇨ 본인 인증 ⇨ 수수료 결제 ⇨ 접수증 출력

자격증 배송 신청

공단에 사진이 등록된 자로, 발급 수수료(3,000원) + 등기비용(2,180원)을 카드 결제 또는 계좌이체 시 발급 예저일로부터 5일 후 수령 가능(토, 일, 공휴일 제외, 발급 예정은 신청 시 별도 안내)하며 우체국 등기고 지정인에게 배송됨.

접수한 원서 취소

- Q-net 로그인 ⇨ 마이 페이지 ⇨ 원서 접수 내역 ⇨ 취소 버튼(수험표 출력 우측에 위치)
- 취소 및 시험 관련 문의 : 공단 고객센터(1644-8000)

CHAPTER 02

개인위생상태 및 안전관리 세부기준 안내

1. 개인위생상태 세부기준

순번	구분	세부 기준
1	위생복	·상의 : 흰색, 긴팔 ·하의 : 색상무관, 긴바지 ·안전사고 방지를 위하여 반바지, 짧은 치마, 폭넓은 바지 등 작업에 방해가 되는 모양이 아닐 것
2	위생모	·흰색 ·일반 조리장에서 통용되는 위생모
3	앞치마	·흰색 ·무릎아래까지 덮이는 길이
4	위생화 또는 작업화	·색상 무관 ·위생화, 작업화, 발등이 덮이는 깨끗한 운동화 ·미끄러짐 및 화상의 위험이 있는 슬리퍼류, 작업에 방해가 되는 굽이 높은 구두, 속 굽 있는 운동화가 아닐 것
5	장신구	·착용 금지 ·시계, 반지, 귀걸이, 목걸이, 팔찌 등 이물, 교차오염 등의 식품위생 위해 장신구는 착용하지 않을 것
6	두발	·단정하고 청결할 것 ·머리카락이 길 경우, 머리카락이 흘러내리지 않도록 단정히 묶거나 머리망 착용할 것
7	손톱	·길지 않고 청결해야 하며 매니큐어, 인조손톱부착을 하지 않을 것

※ 위생복, 위생모, 앞치마 미착용시 채점대상에서 제외됩니다.

※ 개인위생, 조리도구 등 시험장내 모든 개인물품에는 기관 및 성명 등의 표시가 없어야 합니다.

2. 안전관리 세부기준

1. 조리장비·도구의 사용 전 이상 유무 점검
2. 칼 사용(손 빔) 안전 및 개인 안전사고 시 응급조치 실시
3. 튀김기름 적재장소 처리 등

한식 실기시험 수험자 지참 준비물(한국산업인력공단 기준)

번호	재료명	규격	단위	수량	비고
1	가위	조리용	EA	1	
2	강판	조리용	EA	1	
3	계량스푼	사이즈별	SET	1	
4	계량컵	200㎖	EA	1	
5	공기	소	EA	1	
6	국대접	소	EA	1	
7	김발	20cm정도	EA	1	
8	냄비	조리용	EA	1	시험장에도 준비되어 있음
9	도마	흰색또는나무도마	EA	1	시험장에도 준비되어 있음
10	뒤집개		EA	1	
11	랩, 호일	조리용	EA	1	
12	밀대	소	EA	1	
13	비닐봉지, 비닐백	소형	장	1	
14	비닐팩		EA	1	
15	상비의약품	손가락골무, 밴드 등	EA	1	
16	석쇠	조리용	EA	1	시험장에도 준비되어 있음
17	소창 또는 면보	30*30㎝정도	장	1	
18	쇠조리(혹은 체)	조리용	EA	1	시험장에도 준비되어 있음
19	숟가락	스텐레스제	EA	1	
20	앞치마	백색(남,녀공용)	EA	1	위생복장을 갖추지 않으면 채점대상에서 제외 됨
21	위생모 또는 머리수건	백색	EA	1	위생복장을 갖추지 않으면 채점대상에서 제외 됨
22	위생복	상의-백색/긴팔 하의-긴바지(색상무관)	벌	1	위생복장을 갖추지 않으면 채점대상에서 제외 됨
23	위생타올	면 또는 키친타올 등	매	1	
24	이쑤시개		EA	1	
25	젓가락	나무젓가락 또는 쇠젓가락	EA	1	
26	종이컵		EA	1	
27	칼	조리용칼, 칼집포함	EA	1	눈금표시칼 사용 불가
28	키친페이퍼		EA	1	
29	후라이팬	소형	EA	1	시험장에도 준비되어 있음

CHAPTER 02

시험장에서의 수험자 유의사항

1) 만드는 순서에 유의하며, 위생과 숙련된 기능평가를 위하여 조리작업 시 맛을 보지 않습니다.

2) 지정된 수험자지참준비물 이외의 조리기구나 재료를 시험장내에 지참할 수 없습니다.

3) 지급재료는 시험 전 확인하여 이상이 있을 경우 시험위원으로부터 조치를 받고 시험 중에는 재료의 교환 및 추가지급은 하지 않습니다.

4) 요구사항의 규격은 "정도"의 의미를 포함하며, 지급된 재료의 크기에 따라 가감하여 채점합니다.

5) 위생복, 위생모, 앞치마를 착용하여야 하며, 시험장비·조리도구 취급 등 안전에 유의합니다.

6) 다음 사항에 대해서는 채점대상에서 제외하니 특히 유의하시기 바랍니다.
   가) 기권 – 수험자 본인이 시험 도중 시험에 대한 포기 의사를 표현하는 경우
   나) 실격 – (1) 가스레인지 화구 2개 이상(2개 포함) 사용한 경우
   (2) 불을 사용하여 만든 조리작품이 작품특성에 벗어나는 정도로 타거나 익지 않은 경우
   (3) 위생복, 위생모, 앞치마를 착용하지 않은 경우
   (4) 시험 중 시설·장비(칼, 가스레인지 등) 사용 시 시험위원 및 타수험자의시험 진행에 위해를 일으킬 것으로 시험위원 전원이 합의하여 판단한 경우
   다) 미완성 – (1) 시험시간 내에 과제 두 가지를 제출하지 못한 경우
   (2) 문제의 요구사항대로 과제의 수량이 만들어지지 않은 경우
   라) 오작 – (1) 구이를 조림 등으로 조리하여 완성품을 요구사항과 다르게 만든 경우
   (2) 해당과제의 지급재료 이외의 재료를 사용하거나 석쇠 등 요구사항의 조리도구를 사용하지 않은 경우
   마) 요구사항에 표시된 실격, 미완성, 오작에 해당하는 경우

7) 항목별 배점은 위생상태 및 안전관리 5점, 조리기술 30점, 작품의 평가 15점입니다.

8) 시험시작 전 가벼운 몸 풀기(스트레칭) 동작으로 긴장을 풀고 시험을 시작합니다.

한식조리기능사 시험안내

실기시험 채점 기준표

실기시험은 두가지 작품이 주어지며 공통 채점과 조리기술 및 작품평가 합계가 100점 만점으로 60점 이상이면 합격이다.

	항목	세부항목	내용	배점
공통 채점	위생상태	위생복 착용 및 개인위생 상태	·위생복 착용, 개인 위생상태(두발, 손톱 등)	3
	조리과정	조리순서 및 재료기구 등 취급 상태	·조리순서, 재료, 기구의 취급 상태와 숙련정도	4
	정리정돈 상태	정리정돈 및 청소	·조리대, 기구 주위의 청소 상태	3
조리 기술 및 작품 평가	작품 A	조리기술과 방법 작품평가	·조리기술의 숙련도 ·작품의 맛, 색, 모양, 그릇에 담기	30 15
	작품 B	조리기술과 방법 작품평가	·조리기술의 숙련도 ·작품의 맛, 색, 모양, 그릇에 담기	30 15

CHAPTER 02

실기시험 진행방법

① 수검자는 시험당일 정해진 실기시험 일자와 장소, 시간을 정확히 확인한 후 시험 30분전에 수검자 대기실에 도착하여 시험 준비요원의 지시를 받는다.

② 위생복과 앞치마, 위생모 또는 머리수건을 단정히 착용한 후 준비요원의 호명에 따라 수험표와 주민등록증을 확인하고 등번호를 교부받아 등에 부착한다.

③ 대기실에서 실기시험장으로 이동하여 자신의 등번호와 같은 조리대를 찾아 실기시험 요리명과 제한시간을 확인한 후 필요한 도구를 꺼내놓고 정리한다.

④ 본부요원의 지시에 따라 요구사항, 유의사항, 지급재료등 주의 사항을 경청하고 시험볼 주재료, 양념류, 조리기구 등을 확인하고 빠진재료나 불량재료, 지급량이 부족한 재료가 있으면 교환이나 추가지급을 알려 시험이 시작되기전에 조치를 받는다.

⑤ 시험 시작을 알리면 음식 만들기에 들어간다.

⑥ 두가지 과제의 요구사항을 꼼꼼히 읽은 후 요구하는 대로 정해진 시간내에 작품을 만들어 시험장에서 제시된 그릇에 담아 등번호와 함께 정해진 위치에 제출 한다.

⑦ 작품을 제출한 다음 조리한 주변 등을 깨끗이 청소하고 조리기구 등을 정리한 후 실기 시험장에서 퇴실한다.

앞치마 사용

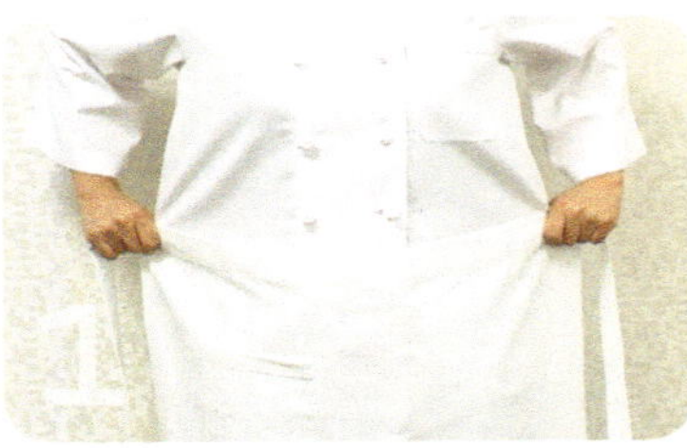

1 앞치마를 바로 펴서 배의 적당한 곳의 기준을 잡고 가운과 앞치마를 옆구리쪽에서 같이 잡는다.

2 끈을 뒤로 넘겨서 서로 교차 시킨다.

3 2의 끈을 앞쪽으로 가져온다.

4 왼쪽 옆구리에 가깝게 3의 끈을 교차시킨다.

5 4의 교차시킨 끈을 묶은 다음 다시 한 번 더 묶어준다.

6 6의 끈중 긴끈으로 옷고름 모양을 만든다.

7 짧은 끈은 7의 끈 안쪽으로 넣어 보이지 않게 감아준다.

8 앞치마 착용법 완성모습.

CHAPTER 02

위생복 착용과 조리도구 셋팅 및 완성품 제출 사진

위생복착용(앞모습)

복장은 요란한 색깔의 옷은 피하고 편하고 단정하게 입으며 신발은 굽이 높거나 꺾어 신지 않으며 화장을 진하게 하거나 악세사리(시계, 반지, 팔지, 목걸이, 귀걸이)등은 하지 않으며 손톱은 깨끗하게 정리하고 매니큐어는 바르지 않는다.

위생복착용(뒷모습)

복장은 흰색 가운과 앞치마를 착용하고 종이모자나 스카프를 착용하며 앞머리카락이 밖으로 나오지 않도록 하고 모자는 실핀으로 양옆을 고정시키고 머리가 긴 경우 묶은 다음 검정 그물망을 사용하여 단정하게 하고 뒷모습은 지급 받은 번호판을 등에 옷핀으로 고정시킨다.

조리도구셋팅

- 도마 밑에는 젖은 행주를 깔고 (밀리거나 소리방지) 도마 위에는 젖은 면행주를 접어서 왼쪽 상단에 놓고 칼은 도마옆 오른쪽에 둔다.

- 조리도구는 편한 위치에 둔다.

- 음식을 담을 그릇에 물기가 없어야 하며 시험장에서 제시된 그릇에 담거나 요리에 맞는 그릇을 선택해서 담아낸다.

- 국, 탕, 찌개는 따뜻하게 데워서 제출한다.
  구이류는 알맞게 구워서 제출한다.
  생채류는 물기가 생기지 않도록 제출한다.

CHAPTER 03

한국 음식의 종류

[주식류, 부식류]

CHAPTER 03

밥

흔히 먹는 흰 쌀밥에서부터 잡곡을 섞어 만든 잡곡밥, 콩나물, 무, 고구마, 감자, 김치 등을 넣어 지은 채소밥, 고기와 나물을 얹어 만든 비빔밥, 국에 말아 먹는 국밥, 각종 채소, 버섯, 해물을 함께 넣어 밥을 짓기도 한다.

밥을 짓는 단계는 끓이고, 찌고, 뜸들이는 조리법으로 이루어지며 곡물을 호화시켜 섭취를 용이하게 한다.

밥물은 쌀 중량의 1.5배, 쌀 부피의 1.2배로 물을 부은 후 처음에는 센 불에 놓고 끓으면 중불로, 뜸을 들일 때는 약한 불로 하여 밥을 짓는다.

죽, 미음, 응이

죽은 곡물에 물을 5~10배 정도 부어 오랫동안 끓인 것이고, 미음은 곡물을 오랫동안 끓여 체에 받친 것이고, 응이는 곡물을 곱게 갈아 전분을 추출하여 풀을 쑤듯이 묽게 끓이는 것이다. 물의 양에 따라 죽보다 미음이 묽고, 미음보다 응이가 더 묽다.

죽은 완전 호화되었기 때문에 소화가 잘 되므로 노인, 유아, 또는 환자식으로 좋으며, 보양을 목적으로 한 전복죽, 잣죽, 흑임자죽, 장국죽, 타락죽 등 죽의 종류는 매우 다양하다.

찌개

찌개는 국에 비해 국물이 적고 건더기는 국물의 ⅔가 적당하며, 국보다 짠 것이 특색이며 찌개를 궁중용어로는 조치라고 하며, 감정은 고추장으로 조미한 찌개를 말한다.

① **된장찌개** : 토장국과 마찬가지로 쌀뜨물을 이용하면 맛있고 건더기로는 소고기, 두부, 채소류, 버섯 등을 넣어 끓인다.

② **고추장찌개** : 고추장으로 간을 맞춘 찌개로 주로 생선과 두부, 풋고추, 호박, 콩나물, 버섯, 무 등의 채소류가 많이 쓰이며 궁중용어로는 감정이라고 한다.

③ **젓국찌개** : 새우젓으로 간을 하는 중부지방의 특유한 조치로 달걀, 두부, 명란을 넣어 담백하게 끓인다.

볶음

육류, 채소류, 건어류, 해조류 등을 손질하여 썰어서 기름에 볶은 요리이다.
볶음은 센불에서 팬을 달궈 볶아야 물기가 생기지 않으며 짧은 시간에 조리하므로 영양분의 파괴가 적다.
주재료에 부재료를 섞어 국물없이 볶는 것으로 버섯, 제육, 내장, 낙지, 오징어 떡볶음 등이 있다.

구이

가장 기본이 되는 조리법으로 석쇠에 재료를 얹어 굽는 직접구이와 번철이나 오븐에 넣어 굽는 간접구이가 있으며 조리법에 따라 간장구이, 소금구이, 포구이 등으로 분류된다.

① **간장구이 :** 육류를 얇게 저며 양념장에 재웠다가 굽는다.
② **소금구이 :** 생선류에 소금을 뿌렸다가 굽는다.
③ **포구이 :** 약포, 편포같이 소고기를 양념하여 햇볕에 말렸다가 먹기 직전에 참기름을 발라 굽는다.

조림과 초

① **조림 :** 조림은 주로 반상에 오르는 반찬으로 육류, 어패류, 채소류로 만들고 궁중에서는 조리개라고 하였다. 간을 약간 세게 한 반찬으로 양념장이 끓으면 재료를 넣어 간이 베이게 조리는 것으로 장산적, 장조림, 북어조림, 두부조림, 우엉조림, 생선조림 등이 있다.

② **초 :** 초는 원래 볶는다는 뜻이 있지만 윤기나게 조린다는 의미로 쓰이는 조리용어이며 조림 국물에 녹말물을 풀어 넣어 국물을 엉기고 윤기나게 조리하는 것으로 홍합초, 소라초, 전복초, 해삼초, 마른 조갯살초, 대구초 등이 있다.

CHAPTER
03

전

전은 기름에 지지는 조리법으로 고기나 생선, 채소, 버섯류 등의 재료를 다지거나 얇게 저며 소금, 후추로 간하여 밀가루를 묻히고 달걀물을 씌워 기름을 두르고 지져낸 것이다. 궁중에서는 전유화(煎油花)라고 하며 간남(肝南)은 대개 제사에 쓰이는 전유어를 가리키며 간남, 갈랍이라고도 한다.

적

여러 가지 재료를 각각 양념한 다음 꼬지에 끼워서 굽거나 지진 요리이다.

① **산적 :** 생 재료를 양념하여 꼬지에 꿰어 익힌 것으로 고기산적, 파산적, 떡산적, 버섯산적 등이 있다.

② **누름적 :** 재료를 양념하여 익힌 다음 색을 맞추어 꼬지에 꿴 것으로 화양적, 잡누름적 등이 있다.

③ **지짐누름적 :** 재료를 꼬지에 꿰어 밀가루, 달걀물에 씌어 지져낸 것으로 두릅적, 김치전 등이 있다.

나물, 생채

① **나물 :** 나물은 숙채, 생채 쌈으로 구분할 수 있으며 주양념으로는 소금, 간장, 된장, 고추장으로 조미한다. 푸른잎 채소는 끓는 물에 파랗게 데친 후 무치고 고사리, 고비, 도라지는 삶아서 양념하여 볶는다.

② **생채 :** 채소류를 익히지 않고 무치는 조리법으로 초장, 초고추장, 겨자장으로 무친 것으로 조미에 식초와 설탕을 넣어 새콤달콤하게 무치는 것 비타민C와 섬유소를 섭취할 수 있는 요리법이다.

회, 강회

① **회 :** 육류, 어류 등을 날로 먹는 음식으로서 초장, 겨자장 등에 찍어 먹는 생선회, 육회가 있다.

② **강회 :** 가는 실파나 연한 미나리에 달걀지단, 편육, 붉은 고추 등을 가볍게 썰어 예쁘게 말아 초고추장에 찍어먹는 음식이다.

CHAPTER 04

한국 음식의 양념

CHAPTER 04

1 소금

소금은 음식의 맛을 내는 가장 기본적인 조미료이며 주성분은 염화나트륨(NaCl)이며 미네랄, 마그네슘, 유기염이 함유되어 있다. 소금은 음식의 간을 맞추거나 방부작용, 생선살을 단단하게 하거나 녹황색 채소를 데칠 때 색을 선명하게 하고 부드럽게 하는 작용을 한다.

음식에서 소금의 농도는 국은 1%, 찌개는 2%, 생선의 비린내를 없애는 데는 1~2%, 짜게 조림할 경우는 3~5% 정도이다.

소금의 제조방법, 염화나트륨의 함유량, 첨가물 등에 의해 호염, 재염, 재제염, 식탁염, 맛소금 등으로 나눌 수 있다.

① **호염 :** 천일염으로 불순물이 가장 많고 거칠고 굵은 소금으로 주로 장을 담그거나 김장철 채소의 절임용, 생선의 절임용으로 쓰인다.

② **재염 :** 호염에서 불순물을 제거한 것으로 채소나 생선절임에 사용하며, 볶은 소금으로 이용한다.

③ **재제염 :** 희고 입자가 고운 소금으로 꽃소금이라고 부르며 요리에 직접 사용하는 소금이다.

④ **식탁염 :** 이온교환법에 의해 만들어진 소금으로 정제도가 높고 고운 입자로 되어 있다.

⑤ **맛소금 :** 소금에 글루타민산 나트륨 등의 화학조미료를 약 1% 정도 첨가한 것이다.

2 설탕

단맛을 내는 조미료로서 사탕수수나 사탕무의 즙을 농축시켜 만드는데 순도가 높을수록 단맛이 산뜻해지며 원료와 가공방법에 따라 흑설탕, 황설탕, 흰설탕, 그래뉴당, 각설탕 등으로 나뉘며 감미의 정도는 흰설탕, 황설탕, 흑설탕 순이다. 설탕을 대신하는 감미료로는 조청, 포도당, 사카린, 벌꿀 등이 있으며, 꿀은 천연 감미료로서 80%가 과당, 포도당으로 단맛이 강하고 음식의 건조를 방지하는 흡습작용을 한다.

3 간장

간장은 단백질과 아미노산이 풍부한 콩으로 만들어지는 발효식품으로 원료나 제조법에 따라 분류하면 순수한 우리콩, 우리식으로 만든 재래간장과, 일본간장과 같이 콩에다 밀과 같은 전분질 원료를 곁들여 만든 개량간장이 있고 아미노산 간장이라고 하여 단백질을 가수 분해시켜 만든 것 등이 있다.

단맛이 적은 국간장은 주로 국, 찌개, 나물에 사용하고 색깔이 진하고 국간장보다 단맛이 강한 진간장은 조림, 장아찌, 육류의 양념 등으로 사용한다.

한국 음식의 양념

4 기름

① 참기름 : 참깨를 볶아서 짠 것으로 고소한 향과 맛을 내므로 우리 음식에 흔히 쓰이는 기름이며, 불포화 지방산이 많고 발연점이 낮아 튀김기름으로는 쓰이지 않으며 나물 무칠 때, 약과, 약식, 양념장을 만들 때 많이 쓰인다.

② 들기름 : 들깨를 볶아서 짠 것으로 참기름과 다른 고소하고 독특한 향을 가지고 있어 김을 발라 굽거나 나물을 무칠 때 사용하고, 들깨를 그대로 갈아서 만든 들깨가루는 생선이나 육류의 비린내, 누린내를 없애거나 음식의 맛을 돋우기 위해 된장국과 냉국에 넣기도 한다. 불포화 지방산이 다량 함유되어 있으므로 짜서 오래두게 되면 산패되기 쉽다.

③ 식용유 : 콩기름, 옥수수기름, 면실유, 채종유, 쌀눈기름 등이 있으며, 부침이나 튀김요리를 할 때 많이 사용한다.

④ 고추기름 : 식용유에 고춧가루를 넣어 끓여 거른 것으로 매운맛을 내는 육개장, 순두부찌개 등에 이용된다.

⑤ 유장 : 참기름3 : 간장1의 비율로 섞어 생선구이, 북어구이, 더덕구이 등의 애벌구이 양념에 쓰인다.

⑥ 올리브유

- 올리브유에는 콜레스테롤이 없다.
- 대두유나 옥수수유의 경우 유전자조작 가능성이 있지만 올리브유는 천연식품이다.
- 단순 불포화 지방산과 항산화물질을 함유하고 있어 성인병 예방과 피부미용에 효과가 있다.
- 식용유는 화학처리 과정을 거쳐서 생산되나 올리브유는 물리적 압착법에 의해 생산된다.
- 올리브유의 지질 성분은 모유 성분과 유사해서 인체에서 100% 흡수 분해가 되므로 날것으로 먹어도 된다.
- 엑스트라버진 올리브유는 씨를 뺀 올리브를 가장 먼저 압착 추출하여 나오는 것이고 퓨어 올리브유는 정제된 올리브오일과 버진 올리브유를 8:2로 혼합한 것이다.

⑦ 포도씨유 :

- 은은한 향으로 음식의 고유의 맛과 향을 살려준다.
- 발연점이 250℃로 높아 잘 타지 않으며, 산패 속도가 느려 오래 사용할 수 있다.
- 느끼함이 적어 튀김요리를 해도 쉽게 물리지 않으며, 샐러드 오일로 사용한다.
- 항산화제인 비타민E와 필수 지방산인 리놀레산이 풍부하며, 포도씨에 함유된 비타민 E는 심장질환 등 성인병을 예방하고 노화를 억제하는 효과가 있다.
- 포도씨유의 불포화 지방산은 몸속의 나쁜 콜레스테롤 수치를 낮춰 고혈압 등 각종 혈류 질환을 예방하는데 좋다.

5 된장

된장은 콩으로 메주를 쑤어서 알맞게 띄운 다음 적당량의 소금물에 담가 맛이 들면 간장을 걸러내고 남은 건더기로 만든다. 간장을 걸러내지 않은 메주로 담근 장을 막장이라 하며, 된장보다 맛이 진하고 구수하며 좋은 단백질 공급원이 된다. 된장의 '된' 은 되직하다는 뜻으로 찌개, 토장국 무침, 쌈 등에 이용되며 일본된장과는 달리 재래된장은 오래 끓여야 감칠맛이 나고 시판되는 된장은 살짝 끓여야 제 맛이 난다.

6 고추장

된장, 간장과 함께 우리나라 고유의 전통발효, 저장식품이고 조미와 향신의 두 가지 역할을 한다. 자극적이고 매운 맛이 특징이며 주원료로 보리, 찹쌀, 밀가루와 같은 곡류에 메주가루, 고춧가루, 엿기름, 소금이 들어간다. 찹쌀을 가루로 곱게 빻아 엿기름물에 넣어 끓인 다음 메주가루와 잘 섞이도록 혼합한다. 여기에 고춧가루를 넣고 소금으로 간을 맞추어 숙성시키면 고추장이 된다.

고추장은 매운맛을 내는 복합 발효 조미료인 동시에 탄수화물의 가수분해로 생긴 단맛과 콩단백에서 오는 아미노산의 감칠맛, 고추의 매운맛 소금의 짠맛이 조화를 이룬 기호식품이며, 토장국이나 고추장찌개의 맛을 내는데 쓰이고 생채, 숙채, 조림, 구이 등의 조미료, 쌈장과 초고추장, 양념고추장에도 쓰인다.

7 식초

신맛을 내는 조미료로서 음식에 있어 신맛은 청량감을 주고 생리적으로 식욕을 증가시키며, 소화액의 분비를 촉진시켜 소화흡수도 돕는다. 식초의 종류에는 양조식초, 합성식초, 혼성식초가 있다.

① **양조식초 :** 곡물이나 과실을 발효시켜 만든 각종 유기산과 아미노산이 함유된 건강식품으로 쌀초, 엿기름초, 현미초, 사과초, 포도초, 감초, 소맥초, 귤초, 증류초, 주정초 등이 있다.

② **합성식초 :** 빙초산을 물로 희석하여 식초산이 3~4%가 되도록 만든 것으로 양조식초의 조화로운 감칠맛이 없다. 빙초산은 아세트 알데히드 산화법으로 제조한다.

③ **혼성식초 :** 합성식초와 양조식초를 혼합한 것으로 시중에서 많이 볼 수 있다.

한국 음식에서 식초는 생채, 겨자채, 냉국 등의 차가운 음식에 넣어 시원하고 신맛을 내며 초간장, 초고추장, 겨자장을 만들 때도 쓰인다.

식초는 살균, 방부의 효과가 있어 생선요리에 사용하면 비린내를 없애고 단백질을 응고시켜 살이 단단하게 한다. 다른 조미료들과 함께 사용할 때에는 다른 것들을 먼저 넣고 스며든 후에 사용하고 녹색의 엽록소를 누렇게 변색시키므로 푸른색 나물에는 먹기 직전에 넣어야 한다.

8 고춧가루

고추는 잘 익어서 윤택이 나며 색이 곱고 껍질이 두꺼운 것이 좋다.
햇볕에 말린 빛이 곱고 매운맛이 강한 태양초와 빛깔이 자주색이 나고 감미로운 맛이 나는 찐 고추가 있다.
태양초가 비타민 함량이 훨씬 높고 빛도 곱다. 매운맛 성분인 캡사이신(Capsaicine)은 껍질에 많이 들어 있으며, 씨에는 적은 양이 함유되어 있다.

※ 용도에 의한 사용방법

① 고운 가루 : 고추장, 조미료용
② 중간 가루 : 김치, 깍두기용
③ 굵은 가루 : 여름 풋김치용
④ 실고추 : 고명용

9 파

파는 유기 황화합물인 독특한 자극 성분이 들어 있어 자극성 냄새와 맛을 가진 가장 많이 쓰이는 향신료이며, 우리 체내에서 비타민 B_1의 흡수를 도와준다. 파의 매운맛을 내는 물질은 가열하면 향미 성분이 부드러워지고 단맛이 강해진다. 파의 종류에는 굵은 파, 실파, 쪽파 등이 있는데 파의 흰 부분은 다지거나 채 썰어 양념으로 쓰고 파란 부분은 채썰기를 하여 고명으로 쓰거나 어슷썰기를 하여 찌개나 국에 넣는다. 파의 푸른 부분은 쓴맛이 있어 음식의 맛을 저하시킬 수 있으며, 오래 끓이면 좋지 않아 고온에서 단시간에 끓을 때 감미가 있다.

10 마늘

마늘은 썰거나 다지면 휘발성 성분 즉, 유기 황화물 황화알칼리로 인해 독특한 냄새와 맛이 나며, 마늘의 주성분인 알리신(Allicin)은 살균작용을 하여 식물성 항생제라고도 불리며, 비타민 B_1 의 흡수를 돕고 혈액순환을 촉진시키며 강한 살균작용과 보온효과가 있어 감기나 냉증에도 좋으며, 가래를 잘 나오게 하므로 기관지염에도 도움이 된다. 지나치게 많이 섭취하면 위장 장애를 일으키거나 빈혈을 유발시킬 수 있다. 마늘은 육쪽인 밭마늘이 육질이 단단하며 오래 보관할 수 있어 상품(上品)으로 치며, 나물이나 김치 또는 양념장에는 곱게 다져서 사용하고 동치미나 나박김치에는 채 썰거나 납작하게 썰어 넣는다. 풋마늘은 양념으로 쓰이며 일반 채소로도 쓰인다.

11 생강

생강은 쓴맛과 매운맛을 내며, 강한 향을 가지고 있으며, 매운맛의 성분은 진저론(gingerone)이다. 생선의 비린내나 육류 냄새를 제거하고 식욕증진과 몸을 따뜻하게 하는 작용, 연육작용, 항산화작용도 있다. 생선이나 육류를 조리할 때는 생강을 처음부터 넣는 것보다 어느 정도 익은 후에 넣는 것이 효과적이며 음식에 따라 즙만 넣거나 다지거나, 채 썰거나 얇게 저며서 사용한다. 향신료로서 뿐만 아니라 음료나 한과를 만들 때에도 쓰이며 식욕을 증진시키고 몸을 따뜻하게 하는 작용이 있어 한약재로도 많이 쓰인다.

12 겨자

겨자는 건조한 상태에서는 매운맛이 없으나 물에 개어 공기와 접촉하게 되면 톡쏘는 매운맛이 난다. 이것은 겨자속의 시니그린(sinigrin)이 효소 미로시나제(myrosynase)에 의해 매운 성분이 분해되었기 때문이다. 미로시나제는 40℃ 정도에서 매운맛을 내기 때문에 가루겨자 2 : 물 1의 비율로 40℃ 정도의 물에 개어 발효시켜 식초, 소금, 설탕, 간장을 넣고 개어서 겨자장을 만들어 냉면, 냉채류, 겨자채 등에 쓴다.

13 고추냉이

일명 '와사비'로 불리우며 뿌리를 이용하여 생것과 말린 것을 갈아 냉수에 개어서 사용하며, 성분은 아릴이소티오시아네이트(allylisothiocyanate)이다.

한국 음식의 양념

14 계피

계수나무의 얇은 껍질을 말린 것으로 두껍고 큰 것은 육계(肉桂)라 하며, 가는 나뭇가지는 계지(桂枝)라 한다. 통계피와 계지는 차로 끓이거나 다려서 수정과의 국물에 사용되며 육계를 갈아 만든 계피가루는 약밥과 떡류, 강정류, 숙실과 등에 많이 쓰이고 설탕시럽(집청꿀)에 넣어 독특한 향을 살려서 사용하기도 하며 성분은 시나믹 알데히드(cinnamic aldehyde)이다.

15 천초

산초라고도 하며, 천초나무의 열매와 잎은 매운맛과 독특한 향을 가지고 있어 건위, 구충작용이 있다. 사찰 음식에 주로 사용되며, 열매는 익은 것을 건조시켜 가루로 만들어 추어탕, 개장국, 제주도 향토음식인 자라회 등의 음식에 많이 사용한다. 비린내와 기름기가 많은 음식 등에 주로 사용하며 천초 열매가 덜 익어 푸른색일 때 식초를 부어 삭혀서 간장을 부어 장아찌도 담근다.

16 후추

후추는 매운맛을 내는 향신료로서 캬비신(chavicine)이라고 하며, 열대지방에서 나는 다년생 나무의 열매로 세계에서 가장 널리 쓰이는 향신료이며 어패류의 비린내나 육류의 누린내를 없애고 음식의 맛과 향을 좋게 하며 식욕을 증진시킨다.

검은 후추는 육류와 색이 진한 음식을 만들 때 사용하며, 흰 후추는 맛은 약하고 향이 부드러우며, 흰살생선과 같은 색이 연한 음식을 만들 때 사용하고 통후추는 육류를 삶거나 육수를 만들 때 차를 다릴 때나 배숙 등의 음청류에 쓰인다.

CHAPTER 05

한국 음식의 고명

CHAPTER
05

고명은 음식을 아름답게 꾸며 돋보이게 하고, 식욕을 돋우며 음식의 품위를 높여주고 맛보다는 장식을 목적으로 하며, 웃기, 꾸미라고도 부르며, 자연식품의 색을 그대로 이용하는데 고명의 색은 음양 오행설에 따라 흰색(달걀흰자), 황색(달걀 노른자), 적색(실고추, 다홍고추, 당근), 청색(미나리, 실파, 쑥갓, 오이), 흑색(소고기, 목이버섯, 표고버섯, 석이버섯)의 5가지 자연색을 사용한다.

달걀 지단

달걀을 흰자와 노른자로 나누어서 소금간을 하고 알끈을 제거한 뒤 팬에 기름을 두르고 약한 불에서 얇게 부친다. 채를 썬 지단은 국수류와 나물, 잡채에 쓰이고, 골패모양은 국, 탕, 찜, 전골 등에 쓰이며, 마름모꼴 모양은 탕, 면, 만두, 찜 등에 사용한다.

- ▶ 0.2㎝×0.2㎝×5㎝ 채썰기 - 칠절판
- ▶ 0.3㎝×0.3㎝×5㎝ 채썰기 - 비빔밥
- ▶ 0.2㎝×0.2㎝×4㎝ 채썰기 - 잡채
- ▶ 1.5㎝×1.5㎝×0.2㎝ 마름모꼴 - 완자탕
- ▶ 1㎝×4㎝×0.3㎝ 직사각형 - 겨자 냉채
- ▶ 0.3㎝×1.5㎝×5㎝ 직사각형 - 미나리강회
- ▶ 0.6㎝×1㎝×6㎝ 직사각형 - 화양적

표고 버섯

생표고는 그대로 사용하고 마른 표고는 물에 헹구어 낸 후 미지근한 물에 부드러워질 때까지 충분히 불려 버섯 기둥은 제거하고 용도에 맞게 골패형, 은행잎 모양, 채로 썰어서 사용한다. 전을 부칠때는 간장, 설탕, 참기름으로 양념하고, 고명으로 쓸 때는 같은 양념을 하여 사용한다. 표고버섯 담근 물은 맛 성분이 우러나 있으므로 국이나 찌개의 국물로 이용하면 좋다. 버섯을 빨리 불려야 할 경우에는 설탕을 약간만 넣어준다.

ex) 장국죽

한국 음식의 고명

나무에 자라는 이끼로 미지근한 물에 불려서 씻은 후 뿌리를 손질하여 수분을 제거한 후 자르거나 채 썰어 간장, 설탕, 참기름으로 양념하여 팬에 기름을 두르고 볶아서 사용한다.

ex) 잡채

석이버섯은 물에 불려 비벼 씻거나 소금으로 문지르거나 칼로 긁어 안쪽의 이끼를 제거 하고 돌에 붙어 있던 뿌리 부분도 손질한 다음 수분제거 후 돌돌 말아 채 썬 다음 소량의 소금과 참기름으로 양념하여 마른 팬에 살짝 볶아 사용한다.

홍고추를 햇볕에 말려 꼭지를 뗀 후 반으로 갈라 씨를 뺀 다음 젖은 면보로 닦은 후 말아서 아주 곱게 채 썰어 사용하거나 시판용을 사용한다.

홍고추를 길이로 자른 후 씨를 뺀 다음 안쪽 살을 포 뜬 다음 사용한다.(0.5cm × 4cm - 미나리 강회)

미나리를 깨끗이 씻은 후 줄기부분만 다듬어 꼬치에 굵은 쪽과 가는 쪽을 번갈아 빈틈없이 가로 1.5㎝, 세로 10㎝ 길이로 위, 아래로 가지런히 꼬지에 끼워 밀가루를 한 면만 고루 묻혀 털어내고 양면에 소금간을 한 달걀물에 적시어 팬에 기름을 두르고 양면을 지진 다음 식혀서 꼬지는 빼내고 완자형이나 골패형으로 썰어 탕, 찜, 전골, 신선로 등에 넣는다.

잣은 잣의 속껍질까지 벗겨 실백이라고도 하며 굵고 통통하며 기름이 겉으로 배이지 않고 보송보송한 것이 좋다. 통잣은 뾰족한 쪽의 고깔을 떼고 마른행주로 닦아 그대로 사용하며 배숙, 호박선, 보쌈김치 등의 고명에 쓰이며 비늘잣은 통잣을 길이로 반 잘라 겨자채 등에 사용하며 잣가루는 통잣을 종이를 깐 도마에서 잘 드는 칼로 보슬보슬하게 다져야 한다. 잘못 다지면 잣은 지방이 많기 때문에 기름기가 배어나와 덩어리가 되기 쉽다.

ex) 육회, 화양적, 섭산적, 홍합초 등에 뿌리거나 초간장에 넣어 쓴다.

은행은 겉껍질을 제거한 후 팬에 기름을 두르고 소금을 조금 넣고 중불에서 볶아 파랗게 되면 마른 종이나 마른 행주에 싸서 비벼서 속껍질을 벗긴다. 끓는 물에 약간의 소금을 넣어 삶아서 벗기는 방법도 있으며, 은행이 다 볶아졌을 때 물엿을 약간만 넣어 볶으면 껍질이 주걱에 붙어 쉽게 벗길 수 있다. 신선로, 전골, 찜 등의 고명으로도 쓰이고 두 세알씩 꼬지에 꿰어서 마른안주로도 쓰인다.

호두는 겉껍질을 깨어 벗기고 반으로 갈라서 따뜻한 물에 10~15분 정도 담궜다가 끝이 뾰족한 것으로 속껍질을 벗겨 사용한다.

찜, 전골, 신선로 등의 고명으로 쓰이고 속껍질을 벗긴 호두에 녹말가루를 입혀 기름에 튀겨서 마른안주로도 사용한다.

한국 음식의 고명

대추

대추는 젖은 면보로 깨끗하게 손질한 후 돌려깎기하여 씨를 발라내어 채 썰거나 돌돌 말아 0.2cm 두께로 썰어 사용한다.

밤

밤은 속껍질까지 깨끗하게 벗긴 후 찜에는 통째로 넣어 사용하고 모양을 다듬은 생률은 제수용이나 마른안주로 쓰인다. 채를 썰어 편이나 떡고물로 쓰이고 삶아서 체에 걸러 단자와 경단의 고물로도 쓰인다. 납작하고 얇게 썰어서 보쌈김치, 겨자채, 냉채 등에도 넣는다.

통깨 흑임자

참깨는 씻어서 볶은 후 빻지 않고 그대로 나물, 잡채, 적, 구이 등의 고명으로 뿌려 사용한다. 흑임자는 씻어 일은 후 타지 않게 볶아 고명으로 음식 위에 뿌리거나 가루로 빻아서 다식과 떡고물을 만들 때 쓰고 죽을 쑤기도 한다.

CHAPTER 06

식품의 계량

CHAPTER 06

계량

흔히 음식은 손맛이라는 말을 많이 사용한다. 손맛은 많은 경험에 의해 감각적으로 적절히 재료를 배합하는 것으로 만드는 사람에 따라 서로 다른 맛을 내는것으로 좀 더 능률적이고 합리적인 방법으로 맛있는 조리를 하기 위해서는 계량기구의 올바른 사용법과 정확한 계량이 필수적이라고 생각한다. 초보일 때 계량기구를 사용하여 정확하게 계량하는 습관을 들이는 것이 좋다.

계량기구

① 저울 : 식품의 중량을 측정한다. g, kg으로 표시하며, 전자저울을 사용하면 정확하게 계량할 수 있다.

② 계량컵 : 식재료의 부피를 측정한다. 1컵은 200cc이며, $\frac{3}{4}$ 컵, $\frac{1}{2}$ 컵, $\frac{1}{4}$ 컵 등으로 눈금이 되어 있는 것이 좋다.

③ 계량스푼 : 조미료의 부피를 측정한다.

④ 온도계 : 튀김 시 기름 온도를 측정할 때 사용한다.

⑤ 조리용 시계 : 조리시간을 잰다.

계량방법

① 액체는 투명한 용기를 쓰며 액체의 아랫부분 선과 눈높이를 동일하게 해서 읽는다.

② 백설탕은 계량컵이나 계량스푼에 수북하게 담은 후 윗쪽은 곧은 막대기로 수평하게 깎아내고, 황설탕은 꼭꼭 눌러 컵모양이 나오도록 하여 계량한다.

③ 밀가루는 반드시 체로 쳐서 수북하게 담은 후 위를 수평하게 깎아 계량한다.

④ 쌀, 콩 등의 곡류는 컵에 가득 담아 살짝 흔든 다음 수평이 되게 깎아 계량한다.

⑤ 된장, 고추장, 흑설탕, 버터 등은 빈공간이 없도록 채워서 깎아 계량한다.

계량단위

C = CUP(컵)	1홉 = 20cc	1CUP = 1C = 200cc 200㎖ = $13\frac{1}{3}$Table spoon(한국)
T.S = Table spoon(큰 술)	1근 = 600g(고추, 육류) 375g(채소, 과일)	1CUP = 1C = 240cc 240㎖ = 16Table spoon(미국)
t.s = tea spoon(작은 술)	1되 = 1.8㎏(10홉)	1Table spoon = 1Ts = 15cc
OZ = Ounce	1말(소두) = 10되	1tea spoon = 1ts = 5cc
LB = Pound	1관 = 3.75㎏	1Table spoon = 3tea spoon
1L(리터) = 1000cc	1가마 = 5말	1gallon(갤론) = 4quart(쿼터) = 16CUP = 3.8ℓ
1DL(데시리터) = 100cc		1quart(쿼터) = 4cup
1㎖(밀리리터) = 1cc		1LB(파운드) = 453.6g = 16oz(온스) 1oz(온스) = 28.4g = 약 30㎖(30cc)

식품의 계량

식품의 중량

식품명	1작은 술 (5cc)	1큰 술 (15cc)	1컵 (200cc)
물, 청주	5.0	15.0	200
간장	5.7	17.0	230
식초	5.0	15.0	200
흑설탕	4.5	10.0	145
소금(호염)	2.7	8.0	130
소금(재제염)	2.7	8.0	130
설탕	4.2	12.5	150
꿀, 물엿, 조청	6.0	18.0	292
식물성유	3.5	11.0	180
참기름	3.5	12.8	190
고추장	5.7	17.2	260
된장	6.0	18.0	280
새우젓	6.0	18.0	240
멸치육젓	6.0	18.0	240
다진 고추	2.1	6.4	102
생강즙	3.3	10.0	210
배즙	5.0	15.0	200
마늘(다져서)	3.0	9.0	120
파(다져서)	3.0	9.0	120
생강(다져서)	3.0	9.0	120
깐 마늘	-	-	110
깐 생강	-	-	115
실고추	0.6	1.9	30
고춧가루	2.0	6.0	80
계피가루	2.0	6.0	80
겨자가루	2.0	6.0	80
후춧가루	3.0	9.0	120
통깨	3.0	7.0	90
깨소금	3.0	8.0	120
밀가루	3.0	8.0	105
녹말가루	3.0	7.2	110
후추	3.0	8.0	100
백미	-	-	160

CHAPTER 07

식품의 기본 채소 썰기

CHAPTER 07

▶ 뿌리를 자르고 씻어서 세로로 칼집을 넣어 가운데 심을 빼내고 세로로 곱게 채 썬 다음 다진다(파).

▶ 껍질을 제거하고 꼭지를 따내고 아주 얇게 저민 후 곱게 채 썬 다음 다진다(마늘).

▶ 길이로 잘라 일정한 두께로 편 썰고 일정한 폭으로 채 썬다.

▶ 생채 무침, 볶음의 조리법에 이용한다.

▶ 단면이 둥근 채소는 평행으로 놓고 통째로 위에서 눌러 썬다.

식품의 기본 채소 썰기

4 돌려깍기

오이, 호박, 대추 같이 중앙에 씨가 있는 채소의 껍질부분만 이용할 때 쓰이는 방법으로 껍질에 칼집을 넣어 돌려가며 깎은 다음 채 썬다.

▶ 호박 – 비빔밥

▶ 오이 – 칠절판, 잡채

▶ 대추

5 통어슷썰기

오이, 대파, 고추 등의 재료를 비스듬하게 썰어 단면적이 많도록 써는 방법

▶ 고추 – 생선찌개

6 나박썰기

맑은 국이나 찌개, 나박김치를 만들 때 무, 배추 등의 재료를 가로·세로 크기가 비슷하게 성형한 후 얇게 썬다.

▶ 무 – 생선찌개

7 반달썰기

무, 감자, 당근, 가지, 호박을 길이로 반을 가른 후 반달 모양이 되도록 써는 것으로 찌개나 찜에 이용된다.

▶ 호박 – 생선찌개

8 골패썰기

무, 당근, 오이 등의 재료를 원하는 길이로 자른 후 직사각형을 만들어 납작하게 써는 것

지단을 부쳐 직사각형으로 써는 것

▶ 지단 – 미나리 강회, 겨자냉채, 화양적
▶ 오이 – 겨자냉채, 화양적
▶ 당근 – 겨자냉채, 지짐 누름적, 화양적, 재료썰기

9 막대썰기

재료를 원하는 길이로 토막을 낸 다음 알맞은 굵기의 막대 모양으로 써는 것.

식품의 기본 채소 썰기

10 마름모꼴 썰기

일정한 간격으로 길게 썬 후 어슷하게 썰어서 마름모 모양을 만드는 것으로 고명에 주로 이용한다.

▶ 달걀 – 완자탕, 재료썰기

▶ 미나리 초대

11 밤톨썰기

감자나 당근처럼 단단한 채소를 밤톨 크기로 자른 후 모서리의 각진 부분을 다듬은 것.
찜, 조림 등에 이용한다.

CHAPTER 09

재료 손질법 및 실기 관련 사진 부록

CHAPTER 09

미나리 초대 만드는 법

① 미나리는 뿌리와 잎을 제거하고 깨끗하게 씻어 가로 1.5㎝, 세로 10㎝ 길이로 잘라 줄기의 위, 아래에 꼬지를 끼운다.

② 밀가루, 달걀물을 입힌다.

③ 팬을 달군 후 기름을 두르고 약불에서 지진 다음 식으면 꼬지를 빼내어 마름모꼴로 썬다.

지단 만드는 법

① 달걀을 황, 백으로 분리하여 소금을 넣고 알끈을 제거한다.

② 팬을 달군 후 기름을 두르고 코팅한 다음 키친타올로 기름을 닦아낸다.

사진 부록

③ 약불에서 지단을 부친 다음 젓가락 또는 꼬지를 이용해 뒤집어 익힌다.

오징어 손질 법

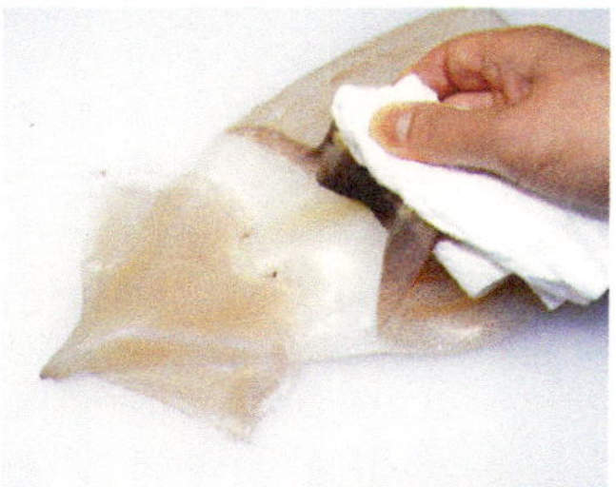

① 오징어 몸통은 배를 가르고 내장을 제거한 뒤 수분을 제거하고 껍질은 머리 부분에서 꼬리쪽 방향으로 잡아당겨 벗긴다.

② 다리는 수분을 제거한 뒤 앞, 뒷다리 사이사이를 끊어준 뒤 엄지손톱을 빨판에 밀착시켜 잡아당겨 껍질을 벗긴다.

③ 내장이 있던 쪽에 사선으로 칼을 뉘어서 0.3㎝ 간격으로 칼집을 넣어준다.

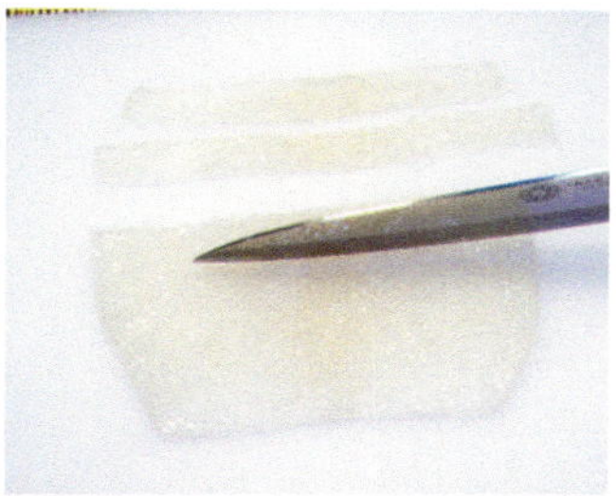

④ 오징어를 찢어먹는 길이대로 1.5㎝ 폭으로 썰어준 다음 5㎝ 길이로 자른다.

CHAPTER
09

생선포 뜨는 법

① 생선의 비늘은 꼬리에서 머리쪽으로 긁어낸 다음 머리를 자르고 가위로 지느러미를 자른 후 내장을 꺼내고 흐르는 물에 깨끗이 씻은 다음 수분을 제거한다.

② 뼈와 살을 분리하여 3장 뜨기 한다.(생선살-앞·뒤, 뼈부분)

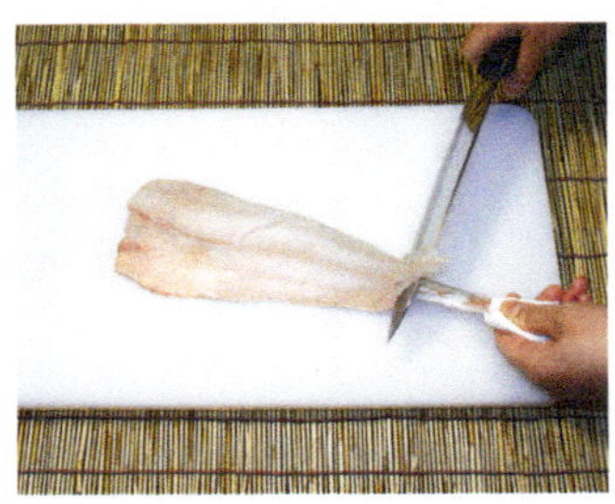

③ 생선의 껍질부분이 도마의 바닥에 놓이도록 한 후 꼬리부분을 수검자의 배쪽 방향으로 놓은 다음 꼬리쪽 끝의 1cm 정도의 칼집을 넣고 오른손은 칼을 뉘어서 밀고 왼손은 껍질을 잡아당기면서 벗겨낸다.

④ 생선살의 수분을 제거하고 포를 뜬 다음 소금, 후추로 간 한다.

사진 부록

석쇠 코팅법

① 석쇠를 불에 달궈 준다.

- 새로 구입한 석쇠는 몸에 해로운 도금을 재로 만들기 위해
- 사용했던 석쇠는 붙어 있는 찌꺼기를 재로 만들기 위해

② 재로 만든 찌꺼기를 수저로 긁은 후 물에 씻어 준다.

③ 물에 씻은 석쇠를 달군 다음 식초 또는 기름칠을 하여 식힌 후 사용한다.

CHAPTER 09

한식조리사 실기 메뉴

Let's
COOKING

1. 비빔밥(50분) 74

2. 콩나물밥(30분) 76

3. 장국죽(30분) 78

4. 완자탕(30분) 80

5. 생선찌개(30분) 82

6. 두부젓국찌개(20분) 84

7. 제육구이(30분) 86

8. 너비아니구이(25분) 88

9. 더덕구이(30분) 90

10. 생선양념구이(30 92

11. 북어구이(20분) 94

12. 섭산적(30분) 96

13. 화양적(35분) 98

14. 지짐누름적(35분) 100

15. 풋고추전(25분) 102

16. 표고전(20분) 104

17. 생선전(25분) 106

18. 육원전(20분) 108

19. 두부조림(25분) 110

20. 홍합초(20분) 112

21. 겨자채(35분) 114

22. 도라지생채(15분) 116

23. 무생채(15분) 118

24. 더덕생채(20분) 120

25. 육회(20분) 122

26. 미나리강회(35분) 124

27. 탕평채(35분) 126

28. 잡채(35분) 128

29. 칠절판(40분) 130

30. 오징어볶음(30분) 132

31. 재료썰기(25분) 134

시험 시간
50분

1. 비빔밥

요구 사항

주어진 재료를 사용하여 다음과 같이 비빔밥을 만드시오.

가. 채소, 소고기, 황 백지단의 크기는 0.3cm x 0.3cm x 5cm로 써시오.

나. 호박은 돌려깎기하여 0.3cm x 0.3cm x 5cm로 써시오.

다. 청포묵의 크기는 0.5cm x 0.5cm x 5cm로 써시오.

라. 소고기는 고추장 볶음과 고명에 사용하시오.

마. 밥을 담은 위에 준비된 재료들을 색 맞추어 돌려 담으시오.

바. 볶은 고추장은 완성된 밥 위에 얹어 내시오.

수험자 유의 사항

1) 만드는 순서에 유의하며, 위생과 숙련된 기능평가를 위하여 조리작업 시 맛을 보지 않습니다.
2) 지정된 수험자지참준비물 이외의 조리기구나 재료를 시험장내에 지참할 수 없습니다.
3) 지급재료는 시험 전 확인하여 이상이 있을 경우 시험위원으로부터 조치를 받고 시험 중에는 재료의 교환 및 추가지급은 하지 않습니다.
4) 요구사항의 규격은 "정도"의 의미를 포함하며, 지급된 재료의 크기에 따라 가감하여 채점합니다.
5) 위생복, 위생모, 앞치마를 착용하여야 하며, 시험장비·조리도구 취급 등 안전에 유의합니다.
6) 다음 사항에 대해서는 **채점대상에서 제외하니** 특히 유의하시기 바랍니다.
   가) 기권 - 수험자 본인이 시험 도중 시험에 대한 포기 의사를 표현하는 경우
   나) 실격 - (1) 가스레인지 화구 2개 이상(2개 포함) 사용한 경우
   (2) 불을 사용하여 만든 조리작품이 작품특성에 벗어나는 정도로 타거나 익지 않은 경우
   (3) 위생복, 위생모, 앞치마를 착용하지 않은 경우
   (4) 시험 중 시설·장비(칼, 가스레인지 등) 사용 시 시험위원 및 타수험자의시험 진행에 위해를 일으킬 것으로 시험위원 전원이 합의하여 판단한 경우
   다) 미완성 - (1) 시험시간 내에 과제 두 가지를 제출하지 못한 경우
   (2) 문제의 요구사항대로 과제의 수량이 만들어지지 않은 경우
   라) 오작 - (1) 구이를 조림 등으로 조리하여 완성품을 요구사항과 다르게 만든 경우
   (2) 해당과제의 지급재료 이외의 재료를 사용하거나 석쇠 등 요구사항의 조리도구를 사용하지 않은 경우
   마) 요구사항에 표시된 실격, 미완성, 오작에 해당하는 경우
7) 항목별 배점은 위생상태 및 안전관리 5점, 조리기술 30점, 작품의 평가 15점입니다.
8) 시험시작 전 가벼운 몸 풀기(스트레칭) 동작으로 긴장을 풀고 시험을 시작합니다.

재료 목록

쌀(30분정도 물에 불린 쌀)	150g
애호박(중·길이 6cm)	60g
도라지(찢은 것)	20g
고사리(불린 것)	30g
청포묵(중·길이 6cm)	40g
소고기(살코기)	30g
달걀	1개
건다시마(5X5cm)	1장
고추장	40g
식용유	30mL
대파(흰부분-4cm 정도)	1토막
마늘(중·깐 것)	2쪽
진간장	15mL
흰설탕	15g
깨소금	5g
검은후춧가루	1g
참기름	5mL
소금(정제염)	10g

합격 포인트

1. 비빔밥은 여러 가지 나물과 고명의 색을 맞추어 동량으로 보글보글하게 가장자리 밥이 보이게(1~2㎝ 정도) 담는다.
2. 밥을 지을 때 질거나 눌지 않도록 처음엔 중불에서 끓이다가, 약불에서 뜸을 들인다.
3. 약고추장을 볶을 때 기름의 양이 많으면 밥 위에 얹어낼 때 기름이 배어 나오므로 주의한다.
4. 다시마는 튀긴 뒤 기름을 제거하고 설탕을 뿌려 곧바로 부수어야 잘 부서진다.
5. 후라이팬은 양념이 묻어나지 않는 재료 순서대로 각각 볶는다.
   (다시마 → 지단 → 도라지 → 호박 → 고사리 → 소고기 → 약고추장)
6. 지단은 돌돌말아 채썰면 쉽게 자를 수 있고 담을 때 모양내기가 편하다.

시험장 조리 작업 순서

재료확인 → 재료분리 → 씻기 → 물 올리기 → 파·마늘 다지기 → 소고기(채·곱게 다져) 양념하기 → 청포묵(0.5㎝×0.5㎝×5㎝) 데쳐 양념하기 → 밥짓기(불린쌀 1컵, 물 150㎖) → 채썰어 소금에 절이기(애호박, 도라지 : 0.3㎝×0.3㎝×5㎝) → 고사리 5cm 길이 2~4등분 양념하기(간장·다진파·다진마늘·깨소금·참기름 약간씩) → 지단 부쳐 채썰기(0.3㎝×0.3㎝×5㎝) → 다시마 튀기기(설탕) → 볶기(도라지 - 애호박 - 고사리 - 소고기순으로) → 약고추장 만들기(식용유, 다진 소고기, 고추장 1큰술, 설탕 1작은술, 참기름 약간, 물농도) → 담기(밥-소고기-백 지단-애호박-청포묵-고사리-황 지단-도라지-고추장(가운데)-다시마(고추장 위에)

만드는 법

1. 냄비에 불린쌀 1컵에 물 150㎖을 넣고 불에 올려 끓으면 약한 불로 뜸을 들여 고슬고슬하게 지은 다음 밥이 뜨거울 때 그릇에 고명을 올리기 좋게 동그랗게, 윗부분은 평평하게 모양을 만들어 젖은 면보로 덮어 둔다.
2. 파, 마늘은 곱게 다진다.
3. 소고기는 핏물을 제거하고 길이 6cm, 폭·두께는 0.2cm로 채썰어 불고기 양념(간장 1작은술, 설탕 $\frac{1}{2}$작은술, 참기름 $\frac{1}{4}$작은술, 다진 파·다진 마늘·깨소금·후춧가루 약간씩)하여 볶는다. 자투리 고기는 곱게 다져서 불고기 양념을 약간씩 한 다음 약고추장에 사용한다.
4. 청포묵은 길이 5cm, 폭·두께는 0.5cm로 채 썰어 끓는 물에 데쳐낸 후 소금·참기름을 약간씩 넣어 밑간한다.
5. 달걀은 황·백으로 분리하여 소금을 약간씩 넣고 0.3cm 두께로 지단을 부쳐 식으면 길이 5cm로 자른 다음 폭 0.3cm로 채썬다.
6. 도라지는 5cm 길이로 자른 다음 폭·두께는 0.3cm로 채 썰어 소금을 넣고 주물러 씻어 쓴맛을 빼고 찬물에 헹군 다음 수분을 제거 하여 볶는다.
7. 애호박은 5cm 길이로 자른 다음 0.3cm 두께로 돌려깍아 0.3cm 폭으로 채썰어 소금에 절였다가 찬물에 헹군 다음 수분을 제거하여 볶는다.
8. 고사리는 5cm 길이로 자른 후 길이로 2등분 내지 4등분 한 다음 간장·다진 파·다진 마늘·참기름·깨소금을 약간씩 넣어 양념하여 볶는다.
9. 다시마는 튀긴 후 뜨거울 때 설탕을 약간 뿌려 콩알만하게 부순 후 고추장 위에 얹는다.
10. 팬에 기름을 약간만 두르고 ③의 다져서 양념한 소고기를 넣어 익힌 다음 고추장 1큰술, 설탕 1작은술 참기름을 약간 넣고 볶으면서 물로 농도 조절을 하면서 볶아 약고추장을 만든다.
11. ①의 밥 위에 색을 맞추어 보글보글하게 밥 위에 올려 흘러내리지 않도록 담고 가운데 약고추장과 다시마를 얹어낸다.

시험장에서의 유의사항

- 밥이 질거나 눌지않게 짓기
- 부재료의 양, 동량으로 담기
- 색의 구분이 명확하게 배열하기

시험 시간
30분

2. 콩나물밥

요구 사항

주어진 재료를 사용하여 다음과 같이 콩나물밥을 만드시오.

가. 콩나물은 꼬리를 다듬고 소고기는 채썰어 간장양념을 하시오.

나. 밥을 지어 전량 제출하시오.

수험자 유의 사항

1) 만드는 순서에 유의하며, 위생과 숙련된 기능평가를 위하여 조리작업 시 맛을 보지 않습니다.
2) 지정된 수험자지참준비물 이외의 조리기구나 재료를 시험장내에 지참할 수 없습니다.
3) 지급재료는 시험 전 확인하여 이상이 있을 경우 시험위원으로부터 조치를 받고 시험 중에는 재료의 교환 및 추가지급은 하지 않습니다.
4) 요구사항의 규격은 "정도"의 의미를 포함하며, 지급된 재료의 크기에 따라 가감하여 채점합니다.
5) 위생복, 위생모, 앞치마를 착용하여야 하며, 시험장비·조리도구 취급 등 안전에 유의합니다.
6) 다음 사항에 대해서는 **채점대상에서 제외하니** 특히 유의하시기 바랍니다.
   가) 기권 - 수험자 본인이 시험 도중 시험에 대한 포기 의사를 표현하는 경우
   나) 실격 - (1) 가스레인지 화구 2개 이상(2개 포함) 사용한 경우
   (2) 불을 사용하여 만든 조리작품이 작품특성에 벗어나는 정도로 타거나 익지 않은 경우
   (3) 위생복, 위생모, 앞치마를 착용하지 않은 경우
   (4) 시험 중 시설·장비(칼, 가스레인지 등) 사용 시 시험위원 및 타수험자의시험 진행에 위해를 일으킬 것으로 시험위원 전원이 합의하여 판단한 경우
   다) 미완성 - (1) 시험시간 내에 과제 두 가지를 제출하지 못한 경우
   (2) 문제의 요구사항대로 과제의 수량이 만들어지지 않은 경우
   라) 오작 - (1) 구이를 조림 등으로 조리하여 완성품을 요구사항과 다르게 만든 경우
   (2) 해당과제의 지급재료 이외의 재료를 사용하거나 석쇠 등 요구사항의 조리도구를 사용하지 않은 경우
   마) 요구사항에 표시된 실격, 미완성, 오작에 해당하는 경우
7) 항목별 배점은 위생상태 및 안전관리 5점, 조리기술 30점, 작품의 평가 15점입니다.
8) 시험시작 전 가벼운 몸 풀기(스트레칭) 동작으로 긴장을 풀고 시험을 시작합니다.

재료 목록

쌀(30분정도 물에 불린 쌀)	150g
콩나물	60g
소고기(살코기)	30g
대파(흰부분-4cm 정도)	1/2토막
마늘(중·깐 것)	1쪽
진간장	5mL
참기름	5mL

합격 포인트

1. 시험장에서 불린 쌀 1컵이 나오면 물 150㎖를 부어준다.
2. 채 썬 소고기는 간장 양념한 다음 콩나물 위에 얹을 때는 가닥가닥 펴서 놓아 주어야 나중에 밥이 되었을 때 소고기가 덩어리지는 것을 방지할 수 있다. 고기 양념을 강하게하여 완성 밥에 양념이 배어나지 않게한다.
3. 조리하는 도중에 뚜껑을 자주 열면 콩나물 비린내가 나기 쉬우므로 주의한다.
4. 콩나물밥을 그릇에 담아낼 때는 콩나물과 소고기 채가 골고루 잘 섞이게 담는다.
5. 밥이 완성되면 바로 완성그릇에 담고 수저 등에 물을 묻혀 모양을 만든 다음 내기 전까지 젖은 면보로 덮어둔다.
6. 밥을 지을 때 소금을 약간 넣어야 싱겁지 않은 맛있는 밥이 된다.
7. 콩나물은 리폭시게나제(Lipo×ygenase)라는 효소에 의해서 조리시 콩비린내가 나며, 80℃ 이상의 열을 가하면 제거되고 뚜껑을 열지 않아야 효소 활성이 약해져 비린내를 방지할 수 있다.

시험장 조리 작업 순서

재료확인 → 재료분리 → 씻기 → 쌀 불리기(불린쌀 1컵, 물 150㎖) → 콩나물 다듬기(껍질, 꼬리) → 소고기 0.2㎝×0.2㎝×6㎝ 길이로 채 썰어 양념하기(간장·참기름·다진 파·다진마늘 약간씩) → 밥 짓기(쌀-콩나물-소고기채-중불에서 끓이기-약불에서 익히기-약약불에서 뜸들이기) → 담기(골고루 섞어서)

만드는 법

1. 냄비에 불린쌀 1컵에 물 150㎖를 부어준다.
2. 콩나물은 씻은 후 껍질과 꼬리만 다듬는다.
3. 소고기는 핏물, 힘줄, 기름을 제거하고 결대로 길이 6㎝, 폭·두께 0.2㎝로 채 썬 다음 **간장양념**(간장·참기름·다진 파·다진 마늘 약간씩)을 한다.
4. ①의 불린 쌀에 콩나물을 넣고, 소고기를 가닥가닥 펴서 얹고 뚜껑을 덮어 중불에서 끓으면 약불로 줄여 쌀알이 퍼지면 약약불로 줄여 뜸을 들인 다음 밥이 고슬하게 익으면 골고루 섞어서 그릇에 담아낸다.

시험장에서의 유의사항

- 쌀과 부재료의 양에 유의
- 소고기 굵기와 크기에 유의
- 밥물·불조절·완성된 밥의 상태

3. 장국죽

요구 사항

주어진 재료를 사용하여 다음과 같이 장국죽을 만드시오.

가. 불린 쌀을 반정도로 싸라기를 만들어 죽을 쑤시오.

나. 소고기는 다지고 불린 표고는 3cm 정도의 길이로 채 써시오.

수험자 유의 사항

1) 만드는 순서에 유의하며, 위생과 숙련된 기능평가를 위하여 조리작업 시 맛을 보지 않습니다.
2) 지정된 수험자지참준비물 이외의 조리기구나 재료를 시험장내에 지참할 수 없습니다.
3) 지급재료는 시험 전 확인하여 이상이 있을 경우 시험위원으로부터 조치를 받고 시험 중에는 재료의 교환 및 추가지급은 하지 않습니다.
4) 요구사항의 규격은 "정도"의 의미를 포함하며, 지급된 재료의 크기에 따라 가감하여 채점합니다.
5) 위생복, 위생모, 앞치마를 착용하여야 하며, 시험장비·조리도구 취급 등 안전에 유의합니다.
6) 다음 사항에 대해서는 **채점대상에서 제외하니** 특히 유의하시기 바랍니다.
   가) 기권 - 수험자 본인이 시험 도중 시험에 대한 포기 의사를 표현하는 경우
   나) 실격 - (1) 가스레인지 화구 2개 이상(2개 포함) 사용한 경우
   (2) 불을 사용하여 만든 조리작품이 작품특성에 벗어나는 정도로 타거나 익지 않은 경우
   (3) 위생복, 위생모, 앞치마를 착용하지 않은 경우
   (4) 시험 중 시설·장비(칼, 가스레인지 등) 사용 시 시험위원 및 타수험자의시험 진행에 위해를 일으킬 것으로 시험위원 전원이 합의하여 판단한 경우
   다) 미완성 - (1) 시험시간 내에 과제 두 가지를 제출하지 못한 경우
   (2) 문제의 요구사항대로 과제의 수량이 만들어지지 않은 경우
   라) 오작 - (1) 구이를 조림 등으로 조리하여 완성품을 요구사항과 다르게 만든 경우
   (2) 해당과제의 지급재료 이외의 재료를 사용하거나 석쇠 등 요구사항의 조리도구를 사용하지 않은 경우
   마) 요구사항에 표시된 실격, 미완성, 오작에 해당하는 경우
7) 항목별 배점은 위생상태 및 안전관리 5점, 조리기술 30점, 작품의 평가 15점입니다.
8) 시험시작 전 가벼운 몸 풀기(스트레칭) 동작으로 긴장을 풀고 시험을 시작합니다.

재료 목록

쌀 30분정도 물에 불린 쌀	100g
소고기 살코기	20g
건표고버섯 지름 5cm정도 물에 불린 것 부서지지 않은 것	1개
대파 흰부분(4cm 정도)	1토막
마늘 중(깐 것)	1쪽
진간장	10mL
깨소금	5g
검은후춧가루	1g
참기름	10mL
국간장	10mL

합격 포인트

1. 표고 버섯은 죽에 넣고 끓이면 실제 크기보다 커지므로 가늘게 채 썬다.
2. 죽은 미리 끓여 놓으면 되직하게 되므로 그릇에 담기 직전에 농도를 잘 맞춘다.
3. 나무 주걱으로 저으면서 끓이고 간은 마지막에 한다. 쇠수저를 사용하거나 간을 처음부터 하면 죽이 삭는다.
4. 다진 소고기를 볶을 때는 덩어리 지지 않도록 약한 불에서 헤쳐 가며 눌지 않게 볶는다.
5. 장국죽은 색깔(엷은 갈색), 간 맞추는 시기(마지막), 농도(약간 묽은 농도)에 유의한다.
6. 쌀물(10배)을 미리 계량해 놓는다.
7. 쌀을 충분히 볶아주면 잘 퍼지지 않고 호화가 촉진되어 죽을 쑤는 시간이 절약된다.
8. 일찍 조리하여 죽의 농도가 되직하면 물을 넣고 다시 끓여 농도를 맞춘다.

시험장 조리 작업 순서

재료확인 → 재료분리 → 씻기 → 물 올리기 → 쌀 씻어 불리기 → 표고버섯 손질하기 → 파, 마늘 다지기 → 표고버섯 0.3㎝×0.3㎝×3㎝ 길이로 채 썰어 양념(간장·설탕·참기름 약간씩)하기 → 소고기 다져 양념하기(간장·다진파·다진마늘·깨소금·후춧가루·참기름 약간씩) → 쌀(쌀알의 $\frac{1}{2}$정도) 다지기 → 볶기(참기름 $\frac{1}{2}$큰술-소고기-표고버섯-쌀) → 끓이기(거품제거-국간장 2작은술로 간하기) → 담기

만드는 법

1. 불린 쌀은 체에 건져 물기를 뺀 후 계량한 다음 쌀알의 $\frac{1}{2}$ 정도로 칼로 다져준다(잘게 다지면 쌀이 풀어진다).
2. 불린 표고버섯은 기둥을 떼어내고 씻어 수분을 제거하고 길이 3㎝, 폭·두께 0.3㎝로 채 썰어 간장·설탕·참기름을 약간씩 넣어 양념한다.
3. 파, 마늘은 곱게 다진다.
4. 소고기는 핏물, 힘줄, 기름을 제거한 다음 곱게 다져 다진 파·다진 마늘·간장·후춧가루·깨소금·참기름을 약간씩 넣어 양념한다.
5. 냄비를 달군 후 참기름 $\frac{1}{2}$큰술을 두르고 소고기를 볶다가 표고버섯을 넣고 볶은 후 쌀을 넣고 충분히 볶아지면 쌀의 10배 정도의 물을 붓고 처음엔 센 불에서 끓이다가 불을 줄여 중불에서 끓여 쌀알이 충분히 퍼진 후 죽이 잘 어우러지면 국간장 2작은술로 간을 하여 약간 묽은 농도로 끓여 그릇에 담아낸다.

시험장에서의 유의사항

- 밥이 질거나 눌지않게 짓기
- 부재료의 양, 동량으로 담기
- 색의 구분이 명확하게 배열하기

시험 시간 30분

4. 완자탕

요구 사항

주어진 재료를 사용하여 다음과 같이 완자탕을 만드시오.

가. 완자는 직경 3cm정도로 6개를 만들고, 국 국물의 양은 200mL 이상 제출하시오.

나. 달걀은 지단과 완자용으로 사용하시오.

다. 고명으로 황백지단(마름모꼴)을 각 2개씩 띄우시오.

수험자 유의 사항

1) 만드는 순서에 유의하며, 위생과 숙련된 기능평가를 위하여 조리작업 시 맛을 보지 않습니다.
2) 지정된 수험자지참준비물 이외의 조리기구나 재료를 시험장내에 지참할 수 없습니다.
3) 지급재료는 시험 전 확인하여 이상이 있을 경우 시험위원으로부터 조치를 받고 시험 중에는 재료의 교환 및 추가지급은 하지 않습니다.
4) 요구사항의 규격은 "정도"의 의미를 포함하며, 지급된 재료의 크기에 따라 가감하여 채점합니다.
5) 위생복, 위생모, 앞치마를 착용하여야 하며, 시험장비·조리도구 취급 등 안전에 유의합니다.
6) 다음 사항에 대해서는 **채점대상에서 제외하니** 특히 유의하시기 바랍니다.
   가) 기권 - 수험자 본인이 시험 도중 시험에 대한 포기 의사를 표현하는 경우
   나) 실격 - (1) 가스레인지 화구 2개 이상(2개 포함) 사용한 경우
   (2) 불을 사용하여 만든 조리작품이 작품특성에 벗어나는 정도로 타거나 익지 않은 경우
   (3) 위생복, 위생모, 앞치마를 착용하지 않은 경우
   (4) 시험 중 시설·장비(칼, 가스레인지 등) 사용 시 시험위원 및 타수험자의시험 진행에 위해를 일으킬 것으로 시험위원 전원이 합의하여 판단한 경우
   다) 미완성 - (1) 시험시간 내에 과제 두 가지를 제출하지 못한 경우
   (2) 문제의 요구사항대로 과제의 수량이 만들어지지 않은 경우
   라) 오작 - (1) 구이를 조림 등으로 조리하여 완성품을 요구사항과 다르게 만든 경우
   (2) 해당과제의 지급재료 이외의 재료를 사용하거나 석쇠 등 요구사항의 조리도구를 사용하지 않은 경우
   마) 요구사항에 표시된 실격, 미완성, 오작에 해당하는 경우
7) 항목별 배점은 위생상태 및 안전관리 5점, 조리기술 30점, 작품의 평가 15점입니다.
8) 시험시작 전 가벼운 몸 풀기(스트레칭) 동작으로 긴장을 풀고 시험을 시작합니다.

재료 목록

소고기(살코기)	50g
소고기(사태부위)	20g
달걀	1개
대파(흰부분-4cm 정도)	1/2토막
밀가루(중력분)	10g
마늘(중·깐 것)	2쪽
식용유	20mL
소금(정제염)	10g
검은후춧가루	2g
두부	15g
키친타올(종이·주방용-소 18x20cm)	1장
국간장	5mL
참기름	5mL
깨소금	5g
흰설탕	5g

합격 포인트

1. 완자를 센불에서 오래 끓이면 국물이 탁해지고 달걀옷이 벗겨진다.
2. 고기는 기름기와 힘줄을 제거하고 곱게 다져 으깬 두부와 많이 치대야 완자의 모양이 예쁘게 나온다.
3. 팬에서 익혀낸 완자는 키친타올로 여분의 기름기를 제거해야 육수에 기름이 뜨지 않아서 국물이 깨끗하다.
4. 밀가루와 달걀물을 미리 입혀 놓고 한참 후에 익히면 완자탕을 끓였을 때 옷이 벗겨지므로 팬에 익히기 직전에 달걀물을 입힌 다음 체에 거른 다음 익혀준다.
5. 달걀은 고명용과 완자용으로 나누어서 사용한다.
6. 팬에 완자를 굴리면서 익힌다.
7. 고기의 사태는 육수용, 살코기는 완자용으로 구분하여 사용한다.

시험장 조리 작업 순서

재료확인 → 재료분리 → 씻기 → 소고기 육수 끓이기 → 파, 마늘 다지기 → 두부으깨기 → 소고기 다지기 → 소고기 3 : 두부 1의 비율 완자양념(소금·후춧가루·깨소금·다진 파·다진 마늘·참기름 약간씩)하기 → 3㎝ 크기 완자 만들기 → 지단부쳐 1.5㎝ 마름모꼴 썰기 : 백지단 2개, 황지단 2개 → 완자 밀가루, 달걀 입혀 팬에 익힌 다음 기름제거하기 → 편육 썰기(2㎝×2㎝×3㎝-2개) → 육수 걸러 간하기(2컵, 국간장 1작은술, 소금 $\frac{1}{2}$작은술) → 육수에 완자 익히기 → 담기(편육-완자-고명-육수 200ml 이상)

만드는 법

1. 소고기 사태부위는 덩어리로 핏물을 제거하고 찬물에 넣어 센 불에서 끓으면 불을 줄이고 거품을 걷어 내면서 끓여 면보에 거른다.

2. ①의 육수 2컵에 국간장 1작은술, 소금 $\frac{1}{2}$작은술을 넣어 색과 간을 맞춘다.

3. 파, 마늘은 곱게 다진다.

4. 두부는 면보에 싸서 수분을 제거하고 도마에서 덩어리 없이 으깬다.

5. 소고기 살코기는 기름 힘줄을 제거한 후 곱게다져 으깬 두부를(소고기 3:두부 1의 비율)넣고 소금·후춧가루·깨소금·다진 파·다진 마늘·참기름을 약간씩 넣어 많이 치댄 다음 3㎝ 크기로 완자를 6개 이상 빚는다.

6. 달걀 1개중 $\frac{1}{2}$은 황·백으로 나누어 소금을 약간 넣고 알끈 제거 후 0.3㎝ 두께로 지단을 부쳐 1.5㎝ 크기의 마름모꼴로 썰고(황지단 2개, 백지단 2개) 나머지 달걀은 완자에 사용한다.

7. 완자에 밀가루를 고루 묻혀 여분의 가루를 털어내고 달걀을 묻혀 팬에 기름을 조금 두르고 굴려가면서 완자를 1개씩 익혀 기름기를 제거한다.

8. ①의 육수 2컵을 끓여 완자를 넣고 떠오르면 완자만 그릇에 담고 육수는 4겹 면보에 거른 다음 내기 직전에 국물(200ml 이상)을 부은 후 고명으로 황·백지단을 띄운다.

시험장에서의 유의사항

- 고기 부위의 사용 용도에 유의
- 육수의 양과 색깔
- 달걀 지단용과 완자용 분리

시험 시간 30분

5. 생선찌개

요구 사항

주어진 재료를 사용하여 다음과 같이 생선찌개를 만드시오.

가. 생선은 4~5cm 정도의 토막으로 자르시오.

나. 무, 두부는 2.5cmx3.5cmx0.8cm로 써시오.

다. 호박은 0.5cm 반달형, 고추는 통 어슷썰기, 쑥갓과 파는 4cm로 써시오.

라. 고추장, 고춧가루를 사용하여 만드시오.

마. 각 재료는 익는 순서에 따라 조리하고, 생선살이 부서지지 않도록 하시오.

바. 생선머리를 포함하여 전량 제출하시오.

수험자 유의 사항

1) 만드는 순서에 유의하며, 위생과 숙련된 기능평가를 위하여 조리작업 시 맛을 보지 않습니다.
2) 지정된 수험자지참준비물 이외의 조리기구나 재료를 시험장내에 지참할 수 없습니다.
3) 지급재료는 시험 전 확인하여 이상이 있을 경우 시험위원으로부터 조치를 받고 시험 중에는 재료의 교환 및 추가지급은 하지 않습니다.
4) 요구사항의 규격은 "정도"의 의미를 포함하며, 지급된 재료의 크기에 따라 가감하여 채점합니다.
5) 위생복, 위생모, 앞치마를 착용하여야 하며, 시험장비·조리도구 취급 등 안전에 유의합니다.
6) 다음 사항에 대해서는 **채점대상에서 제외하니** 특히 유의하시기 바랍니다.
   가) 기권 - 수험자 본인이 시험 도중 시험에 대한 포기 의사를 표현하는 경우
   나) 실격 - (1) 가스레인지 화구 2개 이상(2개 포함) 사용한 경우
   (2) 불을 사용하여 만든 조리작품이 작품특성에 벗어나는 정도로 타거나 익지 않은 경우
   (3) 위생복, 위생모, 앞치마를 착용하지 않은 경우
   (4) 시험 중 시설·장비(칼, 가스레인지 등) 사용 시 시험위원 및 타수험자의시험 진행에 위해를 일으킬 것으로 시험위원 전원이 합의하여 판단한 경우
   다) 미완성 - (1) 시험시간 내에 과제 두 가지를 제출하지 못한 경우
   (2) 문제의 요구사항대로 과제의 수량이 만들어지지 않은 경우
   라) 오작 - (1) 구이를 조림 등으로 조리하여 완성품을 요구사항과 다르게 만든 경우
   (2) 해당과제의 지급재료 이외의 재료를 사용하거나 석쇠 등 요구사항의 조리도구를 사용하지 않은 경우
   마) 요구사항에 표시된 실격, 미완성, 오작에 해당하는 경우
7) 항목별 배점은 위생상태 및 안전관리 5점, 조리기술 30점, 작품의 평가 15점입니다.
8) 시험시작 전 가벼운 몸 풀기(스트레칭) 동작으로 긴장을 풀고 시험을 시작합니다.

재료 목록

동태(300g 정도)	1마리
무	60g
애호박	30g
두부	60g
풋고추(길이 5cm 이상)	1개
홍고추(생)	1개
쑥갓	10g
마늘(중·깐 것)	2쪽
생강	10g
실파(2뿌리)	40g
고추장	30g
소금(정제염)	10g
고춧가루	10g

합격 포인트

1. 머리가 클 경우 반으로 자른 다음 완성그릇 바닥에 껍질이 위로 오게 담아준다.
2. 생선은 미리 녹여 먹는 부분과 버리는 부분을 골라 깨끗하게 준비한다.
3. 생선찌개의 마지막 간은 소금으로 맞추고 거품을 걷어 내면서 끓인다.
4. 조리과정에서 무와 같은 단단한 채소를 먼저 넣어 익히다가 생선과 익히기 어려운 재료 순으로 넣어 익힌다.
5. 고추장은 물이 끓은 후에 풀어야 국물 맛이 개운하고 너무 많이 넣거나 오래 끓이면 국물 맛이 텁텁하다.
6. 찌개 국물은 건더기와 거의 수평이 되게 자작하게 담는다. (국물:건더기=3:2)
7. 생선은 물이 끓을 때 넣어야만 생선살이 단단해지고 국물이 탁하지 않게 된다

시험장 조리 작업 순서

재료확인 → 재료분리 → 씻기 → 생선손질(비늘-지느러미-내장제거 → 4~5㎝ 토막 치기 → 주둥이 자르기-머리 자르기-씻기) → 마늘, 생강 다지기 → 썰기 (무, 두부:2.5㎝×3.5㎝×0.8㎝-호박 0.5㎝ 반달썰기-실파 4㎝-쑥갓잎-풋·홍고추 0.5㎝×3㎝통 어슷썰기) → 끓이기(물 3컵-고추장 1큰술, 소금 1작은술-무-생선-고춧가루 1큰술, 호박-두부·다진 마늘·다진 생강·홍고추-풋고추, 실파-쑥갓) → 담기(국물 3 : 건더기 2의 비율)

만드는 법

1. 생선 비늘은 깨끗이 긁어 준다.→ 지느러미, 내장을 떼어낸다. → 배를 가르지 않고 4~5㎝로 자른다. → 주둥이는 약간 자른다. → 머리가 클 경우 반으로 잘라 준다. → 아가미는 깨끗이 씻어주고 속의 검은 막도 떼어 내고 깨끗이 씻는다.

2. 마늘, 생강은 곱게 다진다.

3. **무, 두부**는 가로 3.5㎝, 세로 2.5㎝, 두께 0.8㎝ 크기로 썰고, **호박**은 0.5㎝ 두께의 반달모양으로 썰며, **실파**는 4cm 길이로 썰고, **쑥갓**은 4cm 길이로 떼어내어 손질해 둔다.

4. **풋·홍고추**는 길이 3㎝, 두께 0.5㎝로 통어슷썰기 한다.

5. 냄비에 물 3컵을 붓고 끓으면 고추장 1큰술, 소금 1작은술을 넣고 간을 맞춘 다음 무를 넣고 끓인다.

6. 무가 반쯤 익었을 때 생선을 넣고 끓으면 고춧가루 1큰술을 넣어 생선이 익으면 호박을 넣고 끓이다가 두부, 다진 마늘, 다진 생강, 홍고추를 넣어 끓이면서 거품을 걷어낸다.

7. 생선 맛이 우러나면 풋고추, 실파를 넣고 불을 끈 다음 그릇 가운데 생선의 등이 위로 올라오게 담은 뒤 나머지 재료를 보기 좋게 담은 후 쑥갓은 끓는 국물에 살짝 익힌 다음 한쪽에 얹어 낸다.

시험장에서의 유의사항

- 재료 익히는 순서
- 생선의 표면이 부서지거나 벗겨지지 않게 익히기

시험 시간
50분

6. 두부젓국찌개

요구 사항

주어진 재료를 사용하여 다음과 같이 두부젓국찌개를 만드시오.

가. 두부는 2cmx3cmx1cm로 써시오.

나. 홍고추는 0.5cmx3cm, 실파는 3cm 길이로 써시오.

다. 간은 소금과 새우젓으로 하고, 국물을 맑게 만드시오.

라. 찌개의 국물은 200mL 이상 제출하시오.

수험자 유의 사항

1) 만드는 순서에 유의하며, 위생과 숙련된 기능평가를 위하여 조리작업 시 맛을 보지 않습니다.
2) 지정된 수험자지참준비물 이외의 조리기구나 재료를 시험장내에 지참할 수 없습니다.
3) 지급재료는 시험 전 확인하여 이상이 있을 경우 시험위원으로부터 조치를 받고 시험 중에는 재료의 교환 및 추가지급은 하지 않습니다.
4) 요구사항의 규격은 "정도"의 의미를 포함하며, 지급된 재료의 크기에 따라 가감하여 채점합니다.
5) 위생복, 위생모, 앞치마를 착용하여야 하며, 시험장비·조리도구 취급 등 안전에 유의합니다.
6) 다음 사항에 대해서는 **채점대상에서 제외하니** 특히 유의하시기 바랍니다.
   가) 기권 - 수험자 본인이 시험 도중 시험에 대한 포기 의사를 표현하는 경우
   나) 실격 - (1) 가스레인지 화구 2개 이상(2개 포함) 사용한 경우
   (2) 불을 사용하여 만든 조리작품이 작품특성에 벗어나는 정도로 타거나 익지 않은 경우
   (3) 위생복, 위생모, 앞치마를 착용하지 않은 경우
   (4) 시험 중 시설·장비(칼, 가스레인지 등) 사용 시 시험위원 및 타수험자의시험 진행에 위해를 일으킬 것으로 시험위원 전원이 합의하여 판단한 경우
   다) 미완성 - (1) 시험시간 내에 과제 두 가지를 제출하지 못한 경우
   (2) 문제의 요구사항대로 과제의 수량이 만들어지지 않은 경우
   라) 오작 - (1) 구이를 조림 등으로 조리하여 완성품을 요구사항과 다르게 만든 경우
   (2) 해당과제의 지급재료 이외의 재료를 사용하거나 석쇠 등 요구사항의 조리도구를 사용하지 않은 경우
   마) 요구사항에 표시된 실격, 미완성, 오작에 해당하는 경우
7) 항목별 배점은 위생상태 및 안전관리 5점, 조리기술 30점, 작품의 평가 15점입니다.
8) 시험시작 전 가벼운 몸 풀기(스트레칭) 동작으로 긴장을 풀고 시험을 시작합니다.

재료 목록

두부	100g
생굴(껍질 벗긴 것)	30g
실파(1뿌리)	20g
홍고추(생)	1/2개
새우젓	10g
마늘(중·깐 것)	1쪽
참기름	5mL
소금(정제염)	5g

합격 포인트

1. 굴을 넣어 오래 끓이면 국물이 탁해진다. 굴이 동그랗게 부풀어 오르면 익은 것이므로 더 이상 오래 끓이지 않는다.
2. 두부는 오래 끓이면 크기가 커지고, 홍고추는 오래 끓이면 국물에 물이 들므로 주의한다.
3. 새우젓은 국물만 사용하고 건더기는 사용하지 않는 것이 맑은 찌개를 끓일 수 있다.
4. 두부는 썰어서 물에 헹궈 부스러기를 씻어준다.
5. 두부젓국찌개는 넣는 순서대로 끓인다.(만드는법 7번 참고)

시험장 조리 작업 순서

재료확인 → 재료분리 → 씻기 → 굴은 옅은 소금물로 씻기 → 마늘 다지기 → 두부(2㎝×3㎝×1㎝) → 썰어 찬물에 담그기 → 실파 3㎝, 홍고추 0.5㎝×3㎝로 썰기 → 새우젓국 준비(새우젓 1작은술, 물 2큰술:국물만 사용) → 끓이기(물 2컵-소금 약간-두부-굴-다진 마늘 약간-새우젓 국물 1큰술-실파-홍고추-참기름 약간) → 담기(국물 200ml 이상)

만드는 법

1. 굴은 이물질과 굴 껍질을 골라내고 연한 소금물에 흔들어 씻어 물기를 뺀다.
2. 마늘은 곱게 다진다.
3. 두부는 길이 3㎝, 폭 2㎝, 두께 1㎝로 썰어 찬물에 담가 놓는다.
4. 홍고추를 반 갈라 씨와 속을 제거한 후 포를 뜨고 고추 길이 3㎝, 폭 0.5㎝ 정도로 썬다.
5. 실파는 푸른 부분만 3㎝ 길이로 썬다.
6. 새우젓 1작은술은 다져서 물 2큰술을 섞은 후 면보에 국물만 걸러 사용한다.
7. 냄비에 물 2컵을 붓고 끓으면 두부를 넣고 끓으면 굴, 마늘, 새우젓국물 1큰술을 넣고 다시 끓으면 홍고추, 실파를 넣고 불을 끈 후 참기름을 약간 넣은 다음 그릇에 홍고추, 실파가 위에 보이도록 국물 200mL 이상을 담아낸다.

시험장에서의 유의사항

- 두부와 굴의 익힘 정도
- 굴·두부 넣고 오래 끓이지 않기
- 찌개의 간은 소금·새우젓으로 하기
- 국물 맑고 깨끗하게

시험 시간 30분

7. 제육구이

요구 사항

주어진 재료를 사용하여 다음과 같이 제육구이를 만드시오.

가. 완성된 제육은 0.4cmx4cmx5cm 정도로 하시오.

나. 고추장 양념하여 석쇠에 구우시오.

다. 제육구이는 전량 제출하시오.

수험자 유의 사항

1) 만드는 순서에 유의하며, 위생과 숙련된 기능평가를 위하여 조리작업 시 맛을 보지 않습니다.
2) 지정된 수험자지참준비물 이외의 조리기구나 재료를 시험장내에 지참할 수 없습니다.
3) 지급재료는 시험 전 확인하여 이상이 있을 경우 시험위원으로부터 조치를 받고 시험 중에는 재료의 교환 및 추가지급은 하지 않습니다.
4) 요구사항의 규격은 "정도"의 의미를 포함하며, 지급된 재료의 크기에 따라 가감하여 채점합니다.
5) 위생복, 위생모, 앞치마를 착용하여야 하며, 시험장비·조리도구 취급 등 안전에 유의합니다.
6) 다음 사항에 대해서는 **채점대상에서 제외하니** 특히 유의하시기 바랍니다.
   가) 기권 - 수험자 본인이 시험 도중 시험에 대한 포기 의사를 표현하는 경우
   나) 실격 - (1) 가스레인지 화구 2개 이상(2개 포함) 사용한 경우
   (2) 불을 사용하여 만든 조리작품이 작품특성에 벗어나는 정도로 타거나 익지 않은 경우
   (3) 위생복, 위생모, 앞치마를 착용하지 않은 경우
   (4) 시험 중 시설·장비(칼, 가스레인지 등) 사용 시 시험위원 및 타수험자의시험 진행에 위해를 일으킬 것으로 시험위원 전원이 합의하여 판단한 경우
   다) 미완성 - (1) 시험시간 내에 과제 두 가지를 제출하지 못한 경우
   (2) 문제의 요구사항대로 과제의 수량이 만들어지지 않은 경우
   라) 오작 - (1) 구이를 조림 등으로 조리하여 완성품을 요구사항과 다르게 만든 경우
   (2) 해당과제의 지급재료 이외의 재료를 사용하거나 석쇠 등 요구사항의 조리도구를 사용하지 않은 경우
   마) 요구사항에 표시된 실격, 미완성, 오작에 해당하는 경우
7) 항목별 배점은 위생상태 및 안전관리 5점, 조리기술 30점, 작품의 평가 15점입니다.
8) 시험시작 전 가벼운 몸 풀기(스트레칭) 동작으로 긴장을 풀고 시험을 시작합니다.

재료 목록

돼지고기(등심 또는 볼깃살)	150g
고추장	40g
진간장	10mL
대파(흰부분-4cm 정도)	1토막
마늘(중·깐 것)	2쪽
검은후춧가루	2g
흰설탕	15g
깨소금	5g
참기름	5mL
생강	10g
식용유	10mL

합격 포인트

1. 돼지고기는 구울때 소고기처럼 많이 줄어들지 않으며, 덩어리 고기일 경우 펼치듯이 포를 뜬 다음 두드려서 모양을 만들고 양념장 농도는 물로 조절한다.
2. 센 불에서 구우면 양념장이 타고 속이 익지 않고 약불로 오래 익히면 수분이 말라 윤기가 없으므로 불조절을 하여 석쇠를 상하·좌우로 움직이면서 윤기나게 굽는다.
3. 고추장을 많이 발라 구우면 익기도 전에 겉이 타기 쉬우므로 수저 등으로 2~3번 덧발라가며 얇게 펴발라 구워준다.
4. 양념장에 들어가는 파, 마늘, 생강은 곱게 다져서 넣어야 구울 때 타지 않는다.
5. 석쇠 위에서 식힌 후 담아낸다.

시험장 조리 작업 순서

재료확인 → 재료분리 → 씻기 → 파, 마늘, 생강 다지기 → 돼지고기 썰기(0.3㎝×5㎝×6㎝로 성형) → 고추장 양념(고추장 4큰술, 설탕 2큰술, 참기름 1작은술, 다진파·다진마늘·다진생강·깨소금·간장·후춧가루 약간씩, 물: 농도조절) 만들어 재우기 → 석쇠 손질하여 굽기 → 담기(전량, 약간씩 포개어)

만드는 법

1. 파, 마늘, 생강은 곱게 다진다.
2. **양념장을 만든다.**(고추장 3큰술, 설탕 1.5큰술, 참기름 1작은술, 다진파·다진마늘·다진생강·깨소금·간장·후춧가루 약간씩, 물: 농도 조절)
3. 돼지고기는 0.3㎝×5㎝×6㎝크기로 썰어 칼등으로 자근자근 두들긴 후 양념장에 재워둔다.
4. 손질한 석쇠에 고기를 반듯하게 얹고 타지 않게 상하·좌우로 흔들면서 구운 후 어느 정도 익으면 고추장양념을 덧발라 가며 굽는다.

   ※부록: 석쇠 손질법 참고
5. 접시에 제육구이 정량을 약간씩 포개어 담아낸다.

시험장에서의 유의사항

- 고기성형
- 석쇠에 타지 않게 굽기
- 구워진 고기의 모양과 색깔

시험 시간 25분

8. 너비아니구이

요구 사항

주어진 재료를 사용하여 다음과 같이 너비아니구이를 만드시오.

가. 완성된 너비아니는 0.5cmx4cmx5cm로 하시오.

나. 석쇠를 사용하여 굽고, 6쪽 제출하시오.

다. 잣가루를 고명으로 얹으시오.

수험자 유의 사항

1) 만드는 순서에 유의하며, 위생과 숙련된 기능평가를 위하여 조리작업 시 맛을 보지 않습니다.
2) 지정된 수험자지참준비물 이외의 조리기구나 재료를 시험장내에 지참할 수 없습니다.
3) 지급재료는 시험 전 확인하여 이상이 있을 경우 시험위원으로부터 조치를 받고 시험 중에는 재료의 교환 및 추가지급은 하지 않습니다.
4) 요구사항의 규격은 "정도"의 의미를 포함하며, 지급된 재료의 크기에 따라 가감하여 채점합니다.
5) 위생복, 위생모, 앞치마를 착용하여야 하며, 시험장비·조리도구 취급 등 안전에 유의합니다.
6) 다음 사항에 대해서는 **채점대상에서 제외하니** 특히 유의하시기 바랍니다.
   가) 기권 - 수험자 본인이 시험 도중 시험에 대한 포기 의사를 표현하는 경우
   나) 실격 - (1) 가스레인지 화구 2개 이상(2개 포함) 사용한 경우
   (2) 불을 사용하여 만든 조리작품이 작품특성에 벗어나는 정도로 타거나 익지 않은 경우
   (3) 위생복, 위생모, 앞치마를 착용하지 않은 경우
   (4) 시험 중 시설·장비(칼, 가스레인지 등) 사용 시 시험위원 및 타수험자의시험 진행에 위해를 일으킬 것으로 시험위원 전원이 합의하여 판단한 경우
   다) 미완성 - (1) 시험시간 내에 과제 두 가지를 제출하지 못한 경우
   (2) 문제의 요구사항대로 과제의 수량이 만들어지지 않은 경우
   라) 오작 - (1) 구이를 조림 등으로 조리하여 완성품을 요구사항과 다르게 만든 경우
   (2) 해당과제의 지급재료 이외의 재료를 사용하거나 석쇠 등 요구사항의 조리도구를 사용하지 않은 경우
   마) 요구사항에 표시된 실격, 미완성, 오작에 해당하는 경우
7) 항목별 배점은 위생상태 및 안전관리 5점, 조리기술 30점, 작품의 평가 15점입니다.
8) 시험시작 전 가벼운 몸 풀기(스트레칭) 동작으로 긴장을 풀고 시험을 시작합니다.

재료 목록

소고기 (안심 또는 등심-덩어리로)	100g
진간장	50mL
대파(흰부분-4cm 정도)	1토막
마늘(중·깐 것)	2쪽
검은후춧가루	2g
흰설탕	10g
깨소금	5g
참기름	10mL
배(50g정도 지급)	1/8개
식용유	10mL
잣(깐 것)	5개
A4 용지	1장

합격 포인트

1. 고기를 자를 때 결 반대로 잘라야 연하고, 앞뒤로 자근자근 두드려야 구웠을 때 오그라드는 것을 방지할 수 있다.
2. 냉동된 고기는 녹여 핏물을 빠진후 수분을 제거한 다음 양념해서 구워야 빛깔이 검지 않다.
3. 처음에는 센 불에서 구워 표면을 응고시키고 불을 낮추어 좌·우로 흔들어가면서 구우면 타지 않고 색이 곱고 윤기가 난다.
4. 양념장에 들어가는 파와 마늘은 곱게 다져서 넣어야 구울 때 타지 않는다.
5. 고기를 굽기 직전에 재워둔 고기에 양념이 스며들게 버무린 다음 완전히 익도록 구워준다.(눌러보았을 때 단단하면 익은 것이다)
6. 석쇠 위에서 식힌 후 담아낸다.

시험장 조리 작업 순서

재료확인 → 재료분리 → 씻기 → 파, 마늘 다지기 → 배즙 만들기 → 소고기 0.4㎝×5㎝×6㎝ 썰어 배즙 밑간하기 → 양념장 만들어 재우기(간장 1큰술, 설탕 $\frac{1}{2}$큰술, 다진파·다진마늘·깨소금·후춧가루 약간씩) → 잣 종이 위에 곱게 다지기 → 석쇠 손질하여 굽기 → 담기(6쪽, 잣가루 가운데 올리기)

만드는 법

1. 파, 마늘은 곱게 다진다.
2. 배는 강판에 갈아 즙만 준비한다.
3. 소고기는 핏물, 기름, 힘줄을 제거한 뒤 결의 반대로 가로 6㎝, 세로 5㎝, 두께는 0.4㎝크기로 썰어 칼등으로 자근자근 두들겨 부드럽게 한 다음 배즙(국물만)에 재워 둔다.
4. **양념장을 만든다.**(간장 1큰술, 설탕 $\frac{1}{2}$큰술, 참기름 $\frac{1}{2}$작은술, 다진 파·다진마늘·깨소금·후춧가루를 약간씩)
5. 배즙에 재워둔 고기만 건져서 ④의 양념장에 고루 간이 배도록 재워둔다.
6. 잣은 고깔을 손질한 다음 종이 위에 놓고 칼날로 곱게 다져 기름기를 제거한 후 보슬보슬하게 잣가루를 만든다.
7. 손질한 석쇠에 고기를 가지런히 놓고 앞·뒤 타지 않게 하고 좌·우로 흔들면서 윤기나게 굽는다.
   ※부록: 석쇠 손질법 참고
8. 접시에 너비아니 6쪽을 약간씩 포개어 담은 후 잣가루를 올려낸다.

시험장에서의 유의사항

- 고기 연하게 손질하기
- 구워진 정도와 모양과 색깔에 유의

시험 시간
30분

9. 더덕구이

요구 사항

주어진 재료를 사용하여 다음과 같이 더덕구이를 만드시오.

가. 더덕은 껍질을 벗겨 사용하시오.

나. 유장으로 초벌구이 하고, 고추장 양념으로 석쇠에 구우시오.

다. 완성품은 전량 제출하시오.

수험자 유의 사항

1) 만드는 순서에 유의하며, 위생과 숙련된 기능평가를 위하여 조리작업 시 맛을 보지 않습니다.
2) 지정된 수험자지참준비물 이외의 조리기구나 재료를 시험장내에 지참할 수 없습니다.
3) 지급재료는 시험 전 확인하여 이상이 있을 경우 시험위원으로부터 조치를 받고 시험 중에는 재료의 교환 및 추가지급은 하지 않습니다.
4) 요구사항의 규격은 "정도"의 의미를 포함하며, 지급된 재료의 크기에 따라 가감하여 채점합니다.
5) 위생복, 위생모, 앞치마를 착용하여야 하며, 시험장비·조리도구 취급 등 안전에 유의합니다.
6) 다음 사항에 대해서는 **채점대상에서 제외하니** 특히 유의하시기 바랍니다.
   가) 기권 - 수험자 본인이 시험 도중 시험에 대한 포기 의사를 표현하는 경우
   나) 실격 - (1) 가스레인지 화구 2개 이상(2개 포함) 사용한 경우
   (2) 불을 사용하여 만든 조리작품이 작품특성에 벗어나는 정도로 타거나 익지 않은 경우
   (3) 위생복, 위생모, 앞치마를 착용하지 않은 경우
   (4) 시험 중 시설·장비(칼, 가스레인지 등) 사용 시 시험위원 및 타수험자의시험 진행에 위해를 일으킬 것으로 시험위원 전원이 합의하여 판단한 경우
   다) 미완성 - (1) 시험시간 내에 과제 두 가지를 제출하지 못한 경우
   (2) 문제의 요구사항대로 과제의 수량이 만들어지지 않은 경우
   라) 오작 - (1) 구이를 조림 등으로 조리하여 완성품을 요구사항과 다르게 만든 경우
   (2) 해당과제의 지급재료 이외의 재료를 사용하거나 석쇠 등 요구사항의 조리도구를 사용하지 않은 경우
   마) 요구사항에 표시된 실격, 미완성, 오작에 해당하는 경우
7) 항목별 배점은 위생상태 및 안전관리 5점, 조리기술 30점, 작품의 평가 15점입니다.
8) 시험시작 전 가벼운 몸 풀기(스트레칭) 동작으로 긴장을 풀고 시험을 시작합니다.

재료 목록

통더덕(껍질 있는 것-길이 10~15cm정도)	3개
진간장	10mL
대파(흰부분-4cm 정도)	1토막
마늘(중·깐 것)	1쪽
고추장	30g
흰설탕	5g
깨소금	5g
참기름	10mL
소금(정제염)	10g
식용유	10mL

합격 포인트

1. 더덕의 흙을 깨끗이 씻은 다음 물기만 가실정도로 석쇠에 살짝 구운 다음(진이 스며들어감) 껍질을 벗겨 머리 부분을 자르면 진이 묻지 않는다.
2. 유장을 발라 90%정도 익힌 후 고추장을 발라 구어야 고추장 양념이 타지 않고 잘 구워진다.
3. 유장을 많이 바르면 색이 검어지고 구울때 힘들다. 가장자리가 잘 타므로 가장자리 위주로 바르고 나머지는 살짝 바르는 것이 고추장 구이를 할 때 덜 탄다.
4. 양념장을 수저 등으로 자른 면까지 골고루 발라야 구운 후에 색깔이 일정하다.
5. 고추장 양념이 되직하면 물을 넣어 농도를 조절한다.
6. 석쇠 위에서 식힌 후 담아낸다.

시험장 조리 작업 순서

재료확인 → 재료분리 → 씻기 → 더덕 두드려 손질하기(5㎝ 길이로 자른다) → 파, 마늘 다지기 → 양념장 만들기(설탕 1큰술, 고추장 2큰술, 다진파·다진마늘·깨소금·참기름 약간씩, 물 : 농도조절) → 더덕에 유장(참기름 2작은술, 간장 $\frac{2}{3}$작은술) 바르기 → 석쇠 손질하여 유장구이하기 → 고추장 양념장 발라굽기 → 담기(전량, 약간씩 포개어)

만드는 법

1. 더덕은 깨끗하게 씻어 돌려가며 껍질을 벗긴 후 자근자근 두드려 말랑해지면 칼집을 넣어 가른 후 껍질이 위로 오게 하여 자근자근 두드려 편편하게 편다음 5㎝ 길이로자른다.

2. 파, 마늘은 곱게 다진다.

3. **유장**(참기름 2작은술, 간장 $\frac{2}{3}$작은술)을 만들어 더덕 안쪽에 수저등 바른 다음 석쇠에 애벌구이해서 90% 정도 익힌다.

※부록: 석쇠 손질법 참고

4. **양념장을 만든다.**(고추장 2큰술, 설탕 1큰술, 다진파·다진마늘·깨소금·참기름 약간씩, 물 : 농도조절)

5. ③의 유장구이한 더덕에 고추장 양념을 골고루 바르고 석쇠를 상하·좌우로 움직여 가면서 타지 않게 서서히 구워 식힌 후 껍질 쪽을 밑으로 가게 하여 전량을 약간씩 포개어 담아낸다.

시험장에서의 유의사항

- 더덕 손질법 (부서지지 않게 두드리기)
- 석쇠에 타지 않게 굽기

시험 시간 30분

10. 생선양념구이

요구 사항

주어진 재료를 사용하여 다음과 같이 생선양념구이를 만드시오.

가. 생선은 머리와 꼬리를 포함하여 통째로 사용하고 내장은 아가미쪽으로 제거하시오.

나. 유장으로 초벌구이 하고, 고추장 양념으로 석쇠에 구우시오.

다. 생선구이는 머리 왼쪽, 배 앞쪽 방향으로 담아내시오.

수험자 유의 사항

1) 만드는 순서에 유의하며, 위생과 숙련된 기능평가를 위하여 조리작업 시 맛을 보지 않습니다.
2) 지정된 수험자지참준비물 이외의 조리기구나 재료를 시험장내에 지참할 수 없습니다.
3) 지급재료는 시험 전 확인하여 이상이 있을 경우 시험위원으로부터 조치를 받고 시험 중에는 재료의 교환 및 추가지급은 하지 않습니다.
4) 요구사항의 규격은 "정도"의 의미를 포함하며, 지급된 재료의 크기에 따라 가감하여 채점합니다.
5) 위생복, 위생모, 앞치마를 착용하여야 하며, 시험장비·조리도구 취급 등 안전에 유의합니다.
6) 다음 사항에 대해서는 **채점대상에서 제외하니** 특히 유의하시기 바랍니다.
   가) 기권 - 수험자 본인이 시험 도중 시험에 대한 포기 의사를 표현하는 경우
   나) 실격 - (1) 가스레인지 화구 2개 이상(2개 포함) 사용한 경우
   (2) 불을 사용하여 만든 조리작품이 작품특성에 벗어나는 정도로 타거나 익지 않은 경우
   (3) 위생복, 위생모, 앞치마를 착용하지 않은 경우
   (4) 시험 중 시설·장비(칼, 가스레인지 등) 사용 시 시험위원 및 타수험자의시험 진행에 위해를 일으킬 것으로 시험위원 전원이 합의하여 판단한 경우
   다) 미완성 - (1) 시험시간 내에 과제 두 가지를 제출하지 못한 경우
   (2) 문제의 요구사항대로 과제의 수량이 만들어지지 않은 경우
   라) 오작 - (1) 구이를 조림 등으로 조리하여 완성품을 요구사항과 다르게 만든 경우
   (2) 해당과제의 지급재료 이외의 재료를 사용하거나 석쇠 등 요구사항의 조리도구를 사용하지 않은 경우
   마) 요구사항에 표시된 실격, 미완성, 오작에 해당하는 경우
7) 항목별 배점은 위생상태 및 안전관리 5점, 조리기술 30점, 작품의 평가 15점입니다.
8) 시험시작 전 가벼운 몸 풀기(스트레칭) 동작으로 긴장을 풀고 시험을 시작합니다.

재료 목록

조기(100g~120g 정도)	1마리
진간장	20mL
대파(흰부분-4cm 정도)	1토막
마늘(중·깐 것)	1쪽
고추장	40g
흰설탕	5g
깨소금	5g
참기름	5mL
소금(정제염)	20g
검은후춧가루	2g
식용유	10mL

합격 포인트

1. 생선은 손질시 배가 터지지 않도록 입이나 아가미쪽으로 나무젓가락을 넣고 돌려 내장을 빼낸 후 손질하여 수분 제거한 후 소금을 뿌렸다가 물기를 닦는다.
2. 생선 지느러미를 너무 바짝 잘라 구웠을 때 생선살이 찢기지 않게 다듬고 꼬리지느러미는 끝에만 살짝 다듬어준다.(가위로 손질한다)
3. 냉동된 생선은 해동한 후 손질하여 수분을 제거한다.(머리를 밑으로 가게하여 내장속에 들어간 물을 빼낸다)
4. 생선 칼집 넣은 쪽부터 구운 후 석쇠 덮는 쪽이 가로가 되게 덮고 위 손잡이는 엄지손가락을 받쳐 약간 들어주고 깊숙이 넣어 흔들어가며 익혀준다.
5. 생선은 가장자리와 꼬리가 잘 타므로 유장을 가장자리와 꼬리쪽에 넉넉히 바르고 90% 정도 익힌 후 고추장을 발라 구어야 고추장 양념이 타지 않고 잘 구워진다.(고추장을 말리는 정도)
6. 생선 모양이 그대로 살아 있어야 한다.
7. 칼집은 살이 많은 쪽에만 넣어주고 내장을 빼낸 배쪽까지 칼집이 들어가면 익으면서 벌어져 구멍이 생길 수 있다.(고추장 양념으로 메워준다)
8. 생선은 완전히 익혀야(눈이 하얗고, 칼집이 벌어지고, 생선살이 단단하면) 되고 머리부분이 두꺼워 잘 익지 않으므로 신경써서 익힌다.
9. 석쇠 위에서 식힌 후 담아낸다.

시험장 조리 작업 순서

재료확인 → 재료분리 → 씻기 → 생선 손질하기(비늘제거-내장제거-씻기-수분제거하기-앞면에 3번 칼집넣기-소금뿌리기) → 파, 마늘 다지기 → 양념장 만들기(설탕 1큰술, 고추장 2큰술, 다진파·다진마늘·후춧가루·참기름·깨소금 약간씩, 물 농도조절) → 석쇠 손질하여 생선 유장(참기름 1작은술, 간장 $\frac{1}{3}$작은술) 구이하기 → 고추장 양념장 발라 굽기 → 담기(머리 왼쪽, 배 아래쪽, 꼬리 오른쪽, 칼집 앞면에 오게)

만드는 법

1. 생선비늘은 꼬리에서 머리쪽으로 긁어낸 후 내장은 배를 가르지 말고 아가미나 입을 통해서 빼내고 지느러미를 제거한 후 꼬리를 일자로 다듬는다.

2. 생선의 머리가 왼쪽, 배가 아래쪽으로 가게 한 후 2㎝ 간격으로 칼집을 3번 넣고 소금을 약간 뿌려 재웠다가 물기를 닦아 간장 $\frac{1}{3}$작은술과 참기름 1작은술을 섞은 유장을 발라 재운 다음 애벌구이하여(석쇠에 90% 정도) 익힌다.

※부록: 석쇠 손질법 참고

3. 파, 마늘은 곱게 다진다.

4. **양념장을 만든다.**(고추장 2큰술, 설탕 1큰술, 다진파·다진마늘·후춧가루·참기름·깨소금을 약간씩 넣고 물: 농도 조절)

5. ②의 애벌구이한 생선에 양념장을 골고루 바르고 석쇠를 상하·좌우로 움직여 가면서 타지 않게 구워 식힌 후 접시에 담을 때는 머리가 왼쪽, 꼬리가 오른쪽, 배가 아래쪽으로 오도록 담아낸다.

시험장에서의 유의사항

- 석쇠 사용·생선 부서지지 않게 굽기
- 생선 담는 방향

시험 시간 20분

11. 북어구이

요구 사항

주어진 재료를 사용하여 다음과 같이 북어구이를 만드시오.

가. 구워진 북어의 길이는 5cm로 하시오.

나. 유장으로 초벌구이 하고, 고추장 양념으로 석쇠에 구우시오.

다. 완성품은 3개를 제출하시오.
(단, 세로로 잘라 3/6토막 제출할 경우 수량부족으로 미완성 처리)

수험자 유의 사항

1) 만드는 순서에 유의하며, 위생과 숙련된 기능평가를 위하여 조리작업 시 맛을 보지 않습니다.
2) 지정된 수험자지참준비물 이외의 조리기구나 재료를 시험장내에 지참할 수 없습니다.
3) 지급재료는 시험 전 확인하여 이상이 있을 경우 시험위원으로부터 조치를 받고 시험 중에는 재료의 교환 및 추가지급은 하지 않습니다.
4) 요구사항의 규격은 "정도"의 의미를 포함하며, 지급된 재료의 크기에 따라 가감하여 채점합니다.
5) 위생복, 위생모, 앞치마를 착용하여야 하며, 시험장비·조리도구 취급 등 안전에 유의합니다.
6) 다음 사항에 대해서는 **채점대상에서 제외하니** 특히 유의하시기 바랍니다.
   가) 기권 - 수험자 본인이 시험 도중 시험에 대한 포기 의사를 표현하는 경우
   나) 실격 - (1) 가스레인지 화구 2개 이상(2개 포함) 사용한 경우
   (2) 불을 사용하여 만든 조리작품이 작품특성에 벗어나는 정도로 타거나 익지 않은 경우
   (3) 위생복, 위생모, 앞치마를 착용하지 않은 경우
   (4) 시험 중 시설·장비(칼, 가스레인지 등) 사용 시 시험위원 및 타수험자의시험 진행에 위해를 일으킬 것으로 시험위원 전원이 합의하여 판단한 경우
   다) 미완성 - (1) 시험시간 내에 과제 두 가지를 제출하지 못한 경우
   (2) 문제의 요구사항대로 과제의 수량이 만들어지지 않은 경우
   라) 오작 - (1) 구이를 조림 등으로 조리하여 완성품을 요구사항과 다르게 만든 경우
   (2) 해당과제의 지급재료 이외의 재료를 사용하거나 석쇠 등 요구사항의 조리도구를 사용하지 않은 경우
   마) 요구사항에 표시된 실격, 미완성, 오작에 해당하는 경우
7) 항목별 배점은 위생상태 및 안전관리 5점, 조리기술 30점, 작품의 평가 15점입니다.
8) 시험시작 전 가벼운 몸 풀기(스트레칭) 동작으로 긴장을 풀고 시험을 시작합니다.

재료 목록

북어포(반을 갈라 말린 껍질이 있는 것-40g)	1마리
진간장	20mL
대파(흰부분-4cm 정도)	1토막
마늘(중·깐 것)	2쪽
고추장	40g
흰설탕	10g
깨소금	5g
참기름	15mL
검은후춧가루	2g
식용유	10mL

합격 포인트

1. 북어는 껍질 쪽에서 칼집을 넣어주고 등지느러미를 바싹 자르지 않는다. (등지느러미를 바싹 자르면 가운데 부분이 갈라질 수 있다)
2. 유장을 발라 90%정도 익힌 후 고추장을 발라 구어야 고추장 양념이 타지 않고 잘 구워진다.(고추장을 말리는 정도)
3. 유장을 많이 바르면 색이 검어지고 구울때 힘들다. 가장자리가 잘 타므로 가장자리 위주로 바르고 나머지는 살짝 바르는 것이 고추장 구이를 할 때 덜 탄다.
4. 양념장을 수저등으로 칼로 썬 부분과 옆면에도 고르게 발라주어야 전체적으로 색깔이 고르게 나올 수 있다.
5. 북어포는 오래 물에 불리면 살이 부서지므로 잠깐 불린 다음 수분 제거 후 양념하여 구워야 모양이 예쁘다. (꼭, 찬물에 불린다)
6. 고추장 양념이 되직하면 물을 넣어 농도를 조절한다.
7. 석쇠 위에서 식힌 후 담아낸다.

시험장 조리 작업 순서

재료확인 → 재료분리 → 북어 찬물에 불리기 → 파, 마늘 다지기 → 북어 손질하기(머리, 지느러미 제거-3토막 자른후 손질하여 수분제거하기) → 양념장 만들기(설탕 1큰술, 고추장 2큰술, 다진파·다진마늘·깨소금·후춧가루·참기름 약간씩, 물: 농도조절) → 북어 유장(참기름 1작은술, 간장 $\frac{1}{3}$작은술) 바르기 → 석쇠 손질하여 유장 구이하기 → 고추장 양념 발라 굽기 → 담기(3개:머리-몸통-꼬리 순으로 약간씩 포개어서)

만드는 법

1. 북어포는 부드러워 질때까지 찬물에 불린 다음 수분을 제거하고 머리, 꼬리, 지느러미와 남아 있는 잔뼈를 제거한 후 6㎝ 길이로 3토막을 내어 잔 칼집을 넣어 오그라들지 않게 한다.
2. 파, 마늘을 곱게 다진다.
3. 참기름 1작은술, 간장 $\frac{1}{3}$작은술을 넣어 유장을 만든 다음 손질한 북어에 골고루 발라 잠시 재운다.
4. 석쇠를 손질한 다음 유장 바른 북어를 얹어 애벌구이한다. (유장구이에서 90% 정도 익힌다.)

   ※부록: 석쇠 손질법 참고
5. **양념장을 만든다.**(고추장 2큰술, 설탕 1큰술, 다진파·다진마늘·깨소금·후춧가루·참기름을 약간씩, 물: 농도조절)
6. ④의 유장구이 한 북어에 고추장 양념장을 골고루 발라 타지않게 살짝 구워준다.
7. 접시에 껍질 쪽이 접시 바닥으로 가게 하여 북어 모양대로(머리 → 몸통 → 꼬리순으로 약간씩 포개어서) 담아낸다.

시험장에서의 유의사항

- 북어살이 부서지지 않게 손질하기
- 석쇠에 타지 않게 굽기
- 원형 그대로 북어 모양 대로 담기

시험 시간
30분

12. 섭산적

요구 사항

주어진 재료를 사용하여 다음과 같이 섭산적을 만드시오.

가. 고기와 두부의 비율을 3:1 정도로 하시오.

나. 다져서 양념한 소고기는 크게 반대기를 지어 석쇠에 구우시오.

다. 완성된 섭산적은 0.7cmx2cmx2cm로 9개 이상 제출하시오.

수험자 유의 사항

1) 만드는 순서에 유의하며, 위생과 숙련된 기능평가를 위하여 조리작업 시 맛을 보지 않습니다.
2) 지정된 수험자지참준비물 이외의 조리기구나 재료를 시험장내에 지참할 수 없습니다.
3) 지급재료는 시험 전 확인하여 이상이 있을 경우 시험위원으로부터 조치를 받고 시험 중에는 재료의 교환 및 추가지급은 하지 않습니다.
4) 요구사항의 규격은 "정도"의 의미를 포함하며, 지급된 재료의 크기에 따라 가감하여 채점합니다.
5) 위생복, 위생모, 앞치마를 착용하여야 하며, 시험장비·조리도구 취급 등 안전에 유의합니다.
6) 다음 사항에 대해서는 **채점대상에서 제외하니** 특히 유의하시기 바랍니다.
   가) 기권 - 수험자 본인이 시험 도중 시험에 대한 포기 의사를 표현하는 경우
   나) 실격 - (1) 가스레인지 화구 2개 이상(2개 포함) 사용한 경우
   (2) 불을 사용하여 만든 조리작품이 작품특성에 벗어나는 정도로 타거나 익지 않은 경우
   (3) 위생복, 위생모, 앞치마를 착용하지 않은 경우
   (4) 시험 중 시설·장비(칼, 가스레인지 등) 사용 시 시험위원 및 타수험자의시험 진행에 위해를 일으킬 것으로 시험위원 전원이 합의하여 판단한 경우
   다) 미완성 - (1) 시험시간 내에 과제 두 가지를 제출하지 못한 경우
   (2) 문제의 요구사항대로 과제의 수량이 만들어지지 않은 경우
   라) 오작 - (1) 구이를 조림 등으로 조리하여 완성품을 요구사항과 다르게 만든 경우
   (2) 해당과제의 지급재료 이외의 재료를 사용하거나 석쇠 등 요구사항의 조리도구를 사용하지 않은 경우
   마) 요구사항에 표시된 실격, 미완성, 오작에 해당하는 경우
7) 항목별 배점은 위생상태 및 안전관리 5점, 조리기술 30점, 작품의 평가 15점입니다.
8) 시험시작 전 가벼운 몸 풀기(스트레칭) 동작으로 긴장을 풀고 시험을 시작합니다.

재료 목록

소고기(살코기)	80g
두부	30g
대파(흰부분-4cm 정도)	1토막
마늘(중·깐 것)	1쪽
소금(정제염)	5g
흰설탕	10g
깨소금	5g
참기름	5mL
검은후춧가루	2g
잣(깐 것)	10개
식용유	30mL

합격 포인트

1. 섭산적은 완전히 식은 뒤에 톱질하듯이 썰어야 부스러지지 않고 모양이 반듯하다.
2. 소고기와 두부를 곱게 다지거나 으깨어 끈기가 나도록 충분히 치대어 모양을 잡은 후 구웠을 때 갈라지지 않는다.
3. 도마 위에 기름을 바르거나 접시에 기름을 발라서 반대기를 만들면 쉽게 떼어낼 수 있다.
4. 섭산적이 석쇠에 붙였을 경우 식혔다가 살살 부서지지 않게 떼어낸다.
5. 섭산적은 굽기 직전에 가장자리에 기름을 살짝 바르면 타지 않게 구울 수 있다.
6. 완성된 섭산적이 부서지는 것은 두부의 양이 많았거나 충분히 치대어 주지 않았기 때문이다.
7. 섭산적을 눌러보았을때 단단하면 익은 것이다.

시험장 조리 작업 순서

재료확인 → 재료분리 → 씻기 → 파, 마늘 다지기 → 잣 종이 위에 곱게 다지기 → 소고기, 두부 수분제거후 곱게 다지기 → 소고기, 두부양념하여 치대기(3:1의 비율, 소금 $\frac{1}{4}$작은술, 참기름 $\frac{1}{2}$작은술, 설탕 $\frac{1}{2}$작은술, 다진파·다진마늘·깨소금·후춧가루 약간씩) → 성형하기(0.5㎝×9㎝×9㎝) → 석쇠손질하여 굽기 → 섭산적 식혀 톱질하듯이 썰기(0.7㎝×2㎝×2㎝) → 담기(9개, 잣가루 가운데 올리기)

만드는 법

1. 파, 마늘을 곱게 다진다.
2. 잣은 고깔을 손질한 다음 종이 위에 놓고 칼날로 곱게 다져 기름기를 제거한 후 보슬보슬하게 잣가루를 만든다.
3. 소고기는 핏물, 기름기, 힘줄 등을 제거한 후 곱게 다진다.
4. **두부**는 젖은 면보에서 물기를 꼭 짠 후 칼등으로 곱게 으깨어 **소고기**와 섞은 다음 소금 $\frac{1}{4}$작은술, 참기름 $\frac{1}{2}$작은술, 설탕 $\frac{1}{2}$작은술, 다진 파·다진마늘·깨소금·후춧가루를 약간씩 넣어 양념하여 끈기 있게 충분히 치대어 놓는다.(고기 3: 두부 1의 비율)
5. 양념한 고기를 가로 9㎝×세로 9㎝×두께 0.5㎝로 네모지게 만든 다음 손질한 석쇠에 성형한 반대기를 얹어 앞뒤로 타지 않게 골고루 색이 나도록 구워 식힌다.

   ※부록: 석쇠손질법 참고

6. 구운 섭산적이 식으면 톱질하듯이 가장자리를 자르고 두께 0.7㎝×가로 2㎝×세로 2㎝ 크기로 썰어 모양 그대로 접시에 담은 후 잣가루를 올려 낸다.(9개)

시험장에서의 유의사항

- 소고기는 크게 반대기를 지어 타지 않게 구운뒤 식힌 다음 썰기

시험 시간 35분

13. 화양적

요구 사항

주어진 재료를 사용하여 다음과 같이 화양적을 만드시오.

가. 화양적은 0.6cmx6cmx6cm로 만드시오.

나. 달걀노른자로 지단을 만들어 사용하시오. (단, 달걀흰자 지단을 사용하는 경우 오작 처리)

다. 화양적은 2꼬치를 만들고 잣가루를 고명으로 얹으시오.

수험자 유의 사항

1) 만드는 순서에 유의하며, 위생과 숙련된 기능평가를 위하여 조리작업 시 맛을 보지 않습니다.
2) 지정된 수험자지참준비물 이외의 조리기구나 재료를 시험장내에 지참할 수 없습니다.
3) 지급재료는 시험 전 확인하여 이상이 있을 경우 시험위원으로부터 조치를 받고 시험 중에는 재료의 교환 및 추가지급은 하지 않습니다.
4) 요구사항의 규격은 "정도"의 의미를 포함하며, 지급된 재료의 크기에 따라 가감하여 채점합니다.
5) 위생복, 위생모, 앞치마를 착용하여야 하며, 시험장비·조리도구 취급 등 안전에 유의합니다.
6) 다음 사항에 대해서는 **채점대상에서 제외하니** 특히 유의하시기 바랍니다.
   가) 기권 - 수험자 본인이 시험 도중 시험에 대한 포기 의사를 표현하는 경우
   나) 실격 - (1) 가스레인지 화구 2개 이상(2개 포함) 사용한 경우
   (2) 불을 사용하여 만든 조리작품이 작품특성에 벗어나는 정도로 타거나 익지 않은 경우
   (3) 위생복, 위생모, 앞치마를 착용하지 않은 경우
   (4) 시험 중 시설·장비(칼, 가스레인지 등) 사용 시 시험위원 및 타수험자의시험 진행에 위해를 일으킬 것으로 시험위원 전원이 합의하여 판단한 경우
   다) 미완성 - (1) 시험시간 내에 과제 두 가지를 제출하지 못한 경우
   (2) 문제의 요구사항대로 과제의 수량이 만들어지지 않은 경우
   라) 오작 - (1) 구이를 조림 등으로 조리하여 완성품을 요구사항과 다르게 만든 경우
   (2) 해당과제의 지급재료 이외의 재료를 사용하거나 석쇠 등 요구사항의 조리도구를 사용하지 않은 경우
   마) 요구사항에 표시된 실격, 미완성, 오작에 해당하는 경우
7) 항목별 배점은 위생상태 및 안전관리 5점, 조리기술 30점, 작품의 평가 15점입니다.
8) 시험시작 전 가벼운 몸 풀기(스트레칭) 동작으로 긴장을 풀고 시험을 시작합니다.

재료 목록

소고기(살코기-길이 7cm)	50g
건표고버섯(지름 5cm정도 물에 불린 것, 부서지지 않은 것)	1개
당근(길이7cm정도-곧은 것)	50g
오이(가늘고 곧은 것-20cm정도)	1/2개
통도라지(껍질 있는 것-길이 20cm정도)	1개
산적꼬치(길이 8~9cm정도)	2개
진간장	5mL
대파(흰부분-4cm정도)	1토막
마늘(중·깐 것)	1쪽
소금(정제염)	5g
흰설탕	5g
깨소금	5g
참기름	5mL
검은후춧가루	2g
잣(깐 것)	10개
A4용지	1장
달걀	2개
식용유	30mL

합격 포인트

1. 각 재료의 크기와 두께를 일정하게 하며 지진후 꼬치에 끼워 각 재료들에 맞춰 길이를 다듬어준다 (소고기 제외)
2. 재료는 2개의 꼬치에 똑같은 위치에 꽂고 꼬치에 기름을 발라주면 매끄럽게 꽂을 수 있고 꼬치를 가늘게 다듬거나 위에서 1㎝ 아래 옆면에 칼집을 넣어주면 꼬치에 끼울 때 재료가 부러지지 않는다.
3. 잣은 고깔을 떼어 내고 마른 행주로 닦아 종이 위에서 칼날로 다져 보슬보슬하게 잣가루를 만든다.

시험장 조리 작업 순서

재료확인 → 재료분리 → 씻기 → 물 올리기 → 파, 마늘 다지기 → 소고기 1.2㎝×0.4㎝×7㎝ 길이로 잘라 불고기 양념(간장 $\frac{1}{2}$작은술, 설탕 $\frac{1}{4}$작은술, 다진파·다진마늘·참기름·깨소금·후춧가루 약간씩) → 1.2㎝×0.5㎝×6㎝ 길이로 자르기(도라지, 당근:끓는 소금물에 데침-표고버섯:간장·설탕·참기름 약간씩) → 오이 6㎝×0.6㎝×1.2㎝(푸른)-소금에 절인 다음 헹군다. → 잣은 곱게 다진다. → 달걀 지단 부치기(노른자 1㎝×0.6㎝×6㎝)→ 볶기(오이-도라지-당근-표고버섯-소고기) → 꼬치에 끼우기(표고버섯 → 도라지 → 오이 → 당근 → 노른자 → 소고기) → 담기(2꼬치, 잣가루 일렬로 뿌려내기)

만드는 법

1. 불린 표고버섯은 기둥을 떼어내고 씻어 수분을 제거하고 길이 6㎝, 폭 1㎝, 두께 0.6㎝ 크기로 썰어 간장·설탕·참기름을 약간씩 넣어 양념 한다.
2. 파. 마늘은 곱게 다진다.
3. 소고기는 핏물을 제거하고 길이 7㎝, 폭 1.2㎝, 두께 0.4㎝ 크기로 썰어 칼등으로 자근자근 두들겨 부드럽게 한 후 불고기 양념을 한다.(간장 $\frac{1}{2}$작은술, 설탕 $\frac{1}{4}$작은술, 다진파·다진마늘·참기름·깨소금·후춧가루 약간씩)
4. 오이는 길이 6㎝, 폭 1㎝, 두께 0.6㎝ 크기로 썰어서 소금에 살짝 절여 찬물에 헹군 후 수분을 제거한다.
5. **당근**과 **통 도라지**는 길이 6㎝, 폭 1㎝, 두께 0.6㎝ 크기로 썰어서 끓는 물에 소금을 넣어 데친다.
6. 잣은 고깔을 떼어 내고 종이 위에서 칼날로 곱게 다져 기름기를 제거한 후 보슬보슬하게 잣가루를 만든다.
7. 달걀 노른자에 소금을 약간 넣고 0.6cn 두께로 지단을 만든 다음 길이 6cm, 폭 1cm로 자른다.
8. 팬에 기름을 두르고 오이 → 도라지 → 당근 → 표고버섯 → 소고기 순으로 각각 볶아낸다.
9. 산적 꼬치는 8㎝로 다듬어서 준비된 재료들을 표고버섯 → 도라지 → 오이 → 당근 → 노른자→ 소고기 순서로 끼운 다음 양쪽 1㎝씩 남기고 완성그릇에 두 개를 포개어 담고 잣가루를 뿌려 낸다. (꼬치 위 1㎝ 지점에 채소를 맞추어 끼우고 꼬치를 중심으로 1㎝ 아래 지점에 잣가루를 일렬로 뿌린다)

〈화양적 성형하기〉

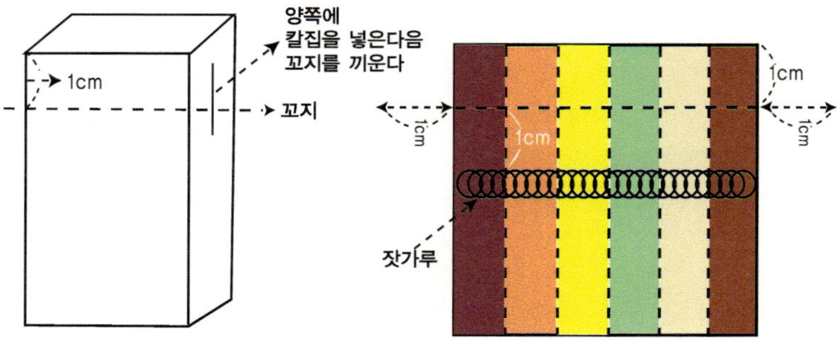

시험장에서의 유의사항

- 각 재료 두께, 길이가 일정
- 끼우는 순서와 색의 조화

시험 시간
35분

14. 지짐누름적

요구 사항

주어진 재료를 사용하여 다음과 같이 지짐누름적을 만드시오.

가. 각 재료는 0.6cmx1cmx6cm로 하시오.

나. 누름적의 수량은 2개를 제출하고, 꼬치는 빼서 제출하시오.

수험자 유의 사항

1) 만드는 순서에 유의하며, 위생과 숙련된 기능평가를 위하여 조리작업 시 맛을 보지 않습니다.
2) 지정된 수험자지참준비물 이외의 조리기구나 재료를 시험장내에 지참할 수 없습니다.
3) 지급재료는 시험 전 확인하여 이상이 있을 경우 시험위원으로부터 조치를 받고 시험 중에는 재료의 교환 및 추가지급은 하지 않습니다.
4) 요구사항의 규격은 "정도"의 의미를 포함하며, 지급된 재료의 크기에 따라 가감하여 채점합니다.
5) 위생복, 위생모, 앞치마를 착용하여야 하며, 시험장비·조리도구 취급 등 안전에 유의합니다.
6) 다음 사항에 대해서는 **채점대상에서 제외하니** 특히 유의하시기 바랍니다.
   가) 기권 - 수험자 본인이 시험 도중 시험에 대한 포기 의사를 표현하는 경우
   나) 실격 - (1) 가스레인지 화구 2개 이상(2개 포함) 사용한 경우
   (2) 불을 사용하여 만든 조리작품이 작품특성에 벗어나는 정도로 타거나 익지 않은 경우
   (3) 위생복, 위생모, 앞치마를 착용하지 않은 경우
   (4) 시험 중 시설·장비(칼, 가스레인지 등) 사용 시 시험위원 및 타수험자의시험 진행에 위해를 일으킬 것으로 시험위원 전원이 합의하여 판단한 경우
   다) 미완성 - (1) 시험시간 내에 과제 두 가지를 제출하지 못한 경우
   (2) 문제의 요구사항대로 과제의 수량이 만들어지지 않은 경우
   라) 오작 - (1) 구이를 조림 등으로 조리하여 완성품을 요구사항과 다르게 만든 경우
   (2) 해당과제의 지급재료 이외의 재료를 사용하거나 석쇠 등 요구사항의 조리도구를 사용하지 않은 경우
   마) 요구사항에 표시된 실격, 미완성, 오작에 해당하는 경우
7) 항목별 배점은 위생상태 및 안전관리 5점, 조리기술 30점, 작품의 평가 15점입니다.
8) 시험시작 전 가벼운 몸 풀기(스트레칭) 동작으로 긴장을 풀고 시험을 시작합니다.

재료 목록

소고기(살코기-길이 7cm)	50g
건표고버섯(지름 5cm정도-물에 불린 것, 부서지지 않은 것)	1개
당근(길이 7cm 정도-곧은 것)	50g
쪽파(중)	2뿌리
통도라지(껍질 있는 것-길이 20cm정도)	1개
밀가루(중력분)	20g
달걀	1개
참기름	5mL
산적꼬치(길이 8~9cm 정도)	2개
식용유	30mL
소금(정제염)	5g
진간장	10mL
흰설탕	5g
대파(흰부분-4cm 정도)	1토막
마늘(중·깐 것)	1쪽
검은후춧가루	2g
깨소금	5g

합격 포인트

1. 각 재료의 길이와 두께가 일정해야 하며 꼬치에 꽂은 후 위, 아래를 다듬고 지져낸 후에는 다듬지 않는다.
2. 꼬치를 뺄 때는 완전히 식혀서 꼬지를 손으로 돌려가면서 빼야 각 재료들이 떨어지지 않고 모양이 유지된다.
3. 달걀 물을 너무 많이 묻히면 각 재료의 화려한 색이 가려지므로 앞부분은 달걀물만 가볍게 묻히고 보여지지 않는 뒷부분에 밀가루와 달걀물을 충분히 묻혀서 가장자리가 벌어지지 않도록 꼭 눌러 지지면 모양과 색깔이 좋다.
4. 재료는 2개의 꼬치에 똑같은 위치에 꽂고 꼬치에 기름을 발라주면 매끄럽게 꽂을 수 있고 꼬치를 가늘게 다듬거나 위에서 1㎝ 아래 옆면에 칼집을 넣어주면 꼬치에 끼울 때 재료가 부러지지 않는다.

시험장 조리 작업 순서

재료확인 → 재료분리 → 씻기 → 물 올리기 → 파, 마늘 다지기 → 소고기 1.2㎝×0.5㎝×7㎝ 길이로 잘라 불고기 양념(간장 $\frac{1}{2}$작은술, 설탕 $\frac{1}{4}$작은술, 다진파·다진마늘·깨소금·후춧가루·참기름 약간씩)하기 → 1.2㎝×0.6㎝×6㎝ 길이로 자르기(도라지·당근:끓는 소금물에 데침-표고버섯:간장·설탕·참기름 약간씩 양념) → 실파 6㎝ 길이로 잘라 참기름 양념하기 → 볶기(도라지 : 소금간-당근 : 소금간-표고버섯-소고기) → 꼬치에 끼우기(소고기-당근-실파-도라지-표고버섯) → 옷 입히기(밀가루:한면-달걀물:양면) → 팬에 지지기(기름제거) → 식으면 돌리면서 꼬치 빼기 → 담기(2개, 약간 포개어서)

만드는 법

1. 불린 표고버섯은 수분을 제거하고 기둥제거 후 길이 6㎝, 폭 1㎝, 두께 0.6㎝로 썰어 간장·설탕·참기름을 약간씩 넣어 밑 양념한다.
2. 파, 마늘은 곱게 다진다.
3. 소고기는 핏물을 제거하고 길이 7㎝, 폭 1.2㎝, 두께 0.5㎝로 썰어 칼등으로 자근자근 두들겨 부드럽게 한 후 **불고기 양념**을 한다.(간장 $\frac{1}{2}$작은술, 설탕 $\frac{1}{4}$작은술, 다진파·다진마늘·깨소금·후춧가루·참기름 약간씩)
4. 실파는 6㎝ 길이로 썰어 참기름을 약간만 넣어 양념한다.
5. **통 도라지**와 **당근**은 길이 6㎝, 폭 1.2㎝, 두께 0.6㎝ 크기로 썰어 끓는 물에 소금을 약간 넣고 데친 다음 찬물에 헹군 후 수분을 제거한다.
6. 달걀은 노른자에 흰자를 조금 넣고 소금을 넣어 잘 풀어서 체에 내려준다.
7. 팬을 달군 뒤 기름을 두르고 도라지(소금간) → 당근(소금간) → 표고버섯 → 소고기 순으로 볶아낸다.
8. 산적꼬치에 소고기 → 당근 → 실파 → 도라지 → 표고버섯 순으로 끼워 뒤쪽면만 밀가루를 묻혀 털어낸 후 달걀물은 양면에 묻힌 후 팬에 기름을 두르고 밀가루 묻힌 면이 팬 바닥에 먼저 가게 지진다.
9. 접시에 담을 때는 식힌 다음 산적꼬치를 돌려가며 빼내고 포개어서 담아낸다.

시험장에서의 유의사항

- 당근·통도라지는 볶을 때 소금간
- 재료는 조화있게 끼우고
- 색을 살려 지지기에 유의

15. 풋고추전

요구 사항

주어진 재료를 사용하여 다음과 같이 풋고추전을 만드시오.

가. 풋고추는 5cm 길이로, 소를 넣어 지져 내시오.

나. 풋고추는 잘라 데쳐서 사용하며, 완성된 풋고추전은 8개를 제출하시오.

수험자 유의 사항

1) 만드는 순서에 유의하며, 위생과 숙련된 기능평가를 위하여 조리작업 시 맛을 보지 않습니다.
2) 지정된 수험자지참준비물 이외의 조리기구나 재료를 시험장내에 지참할 수 없습니다.
3) 지급재료는 시험 전 확인하여 이상이 있을 경우 시험위원으로부터 조치를 받고 시험 중에는 재료의 교환 및 추가지급은 하지 않습니다.
4) 요구사항의 규격은 "정도"의 의미를 포함하며, 지급된 재료의 크기에 따라 가감하여 채점합니다.
5) 위생복, 위생모, 앞치마를 착용하여야 하며, 시험장비·조리도구 취급 등 안전에 유의합니다.
6) 다음 사항에 대해서는 **채점대상에서 제외하니** 특히 유의하시기 바랍니다.
   가) 기권 - 수험자 본인이 시험 도중 시험에 대한 포기 의사를 표현하는 경우
   나) 실격 - (1) 가스레인지 화구 2개 이상(2개 포함) 사용한 경우
   (2) 불을 사용하여 만든 조리작품이 작품특성에 벗어나는 정도로 타거나 익지 않은 경우
   (3) 위생복, 위생모, 앞치마를 착용하지 않은 경우
   (4) 시험 중 시설·장비(칼, 가스레인지 등) 사용 시 시험위원 및 타수험자의시험 진행에 위해를 일으킬 것으로 시험위원 전원이 합의하여 판단한 경우
   다) 미완성 - (1) 시험시간 내에 과제 두 가지를 제출하지 못한 경우
   (2) 문제의 요구사항대로 과제의 수량이 만들어지지 않은 경우
   라) 오작 - (1) 구이를 조림 등으로 조리하여 완성품을 요구사항과 다르게 만든 경우
   (2) 해당과제의 지급재료 이외의 재료를 사용하거나 석쇠 등 요구사항의 조리도구를 사용하지 않은 경우
   마) 요구사항에 표시된 실격, 미완성, 오작에 해당하는 경우
7) 항목별 배점은 위생상태 및 안전관리 5점, 조리기술 30점, 작품의 평가 15점입니다.
8) 시험시작 전 가벼운 몸 풀기(스트레칭) 동작으로 긴장을 풀고 시험을 시작합니다.

재료 목록

풋고추(길이 11cm 이상)	2개
소고기(살코기)	30g
두부	15g
밀가루(중력분)	15g
달걀	1개
대파(흰부분-4cm 정도)	1토막
검은후춧가루	1g
참기름	5mL
소금(정제염)	5g
깨소금	5g
마늘(중·깐 것)	1쪽
식용유	20mL
흰설탕	5g

합격 포인트

1. 풋고추전을 지질 때 풋고추가 누렇게 변색되지 않고 푸른색이 선명하도록 푸른 쪽은 잠깐 지진다. (많이 익히면 색이 누렇게 변하고 희끗하게 부푼다)
2. 두부와 소고기는 곱게 다지거나 으깨어 끈기가 생기도록 충분히 치대야 표면이 곱고 매끈하다.
3. 속을 꼭꼭 채워주되 볼록하게 넣지 말고 편편하게 넣어 팬에 지질 때 살짝 눌러준다.
4. 고추는 끓는 소금물에 아주 살짝 데치고 데치자마자 찬물에 담구어 여열이 빠지면 수분을 제거한다.
5. 고추의 등쪽에 밀가루와 달걀물이 묻지 않도록 한다.
6. 풋고추전을 지질때는 밀가루를 고르게 묻힌 뒤 여분의 가루는 털어내고 달걀물에 담갔다가 기름의 양과 물온도를 조절해야 전의 색이 곱다.(팬에 지지기 직전에 묻혀준다)

시험장 조리 작업 순서

재료확인 → 재료분리 → 씻기 → 물 올리기 → 풋고추 5㎝ 길이로 잘라 끓는 소금물에 데친 후 찬물에 헹구기 → 소 양념하기(다진 소고기 3:두부 1의 비율로 섞어 소금·다진파·다진마늘·후춧가루·참기름 약간씩) → 풋고추 안쪽에 밀가루 묻히고 소 채우기 → 옷입히기(밀가루-달걀물:고추안쪽에만) → 팬에 지지기(기름제거) → 담기(8개)

만드는 법

1. 풋고추는 꼭지를 따고 길이로 반을 갈라 씨와 속을 제거하고 5㎝ 길이로 자른 다음 끓는 소금물에 살짝 데친 후 찬물에 헹구어 여열을 제거한 후 물기를 닦는다.(고추의 길이가 10㎝ 이상일 때는 위, 아래에서 각각 5㎝씩 잘라 버려지는 부분이 가운데가 되게 한다)

2. 파, 마늘은 곱게 다진다.

3. **소고기**는 핏물을 제거한 뒤에 곱게 다지고, **두부**는 물기를 꼭 짠 다음 칼 배로 도마에서 으깬 다음 3:1의 비율로 섞어 다진파·다진마늘·소금·깨소금·후춧가루·참기름을 약간씩 넣어 끈기가 생기도록 치댄다.

4. 달걀은 노른자에 흰자를 조금 섞어 소금을 넣어 풀어 놓는다.

5. 손질한 고추 안쪽에 밀가루를 묻히고 여분의 가루는 털어내고 소를 꼭꼭 채운 후 위를 편편하게 채운 다음 밀가루를 묻혀 털어내고 달걀물을 묻힌 후 소 넣은 쪽부터 팬에서 약불로 지진 후 반대쪽도 뒤집었다가 곧바로 꺼내 식힌 후 고추 윗부분은 위로 향하고 밑 부분은 아래로 향하게 접시에 담아낸다.(8개)

※고추 손질법(풋고추 길이가 10cm 이상일 경우)

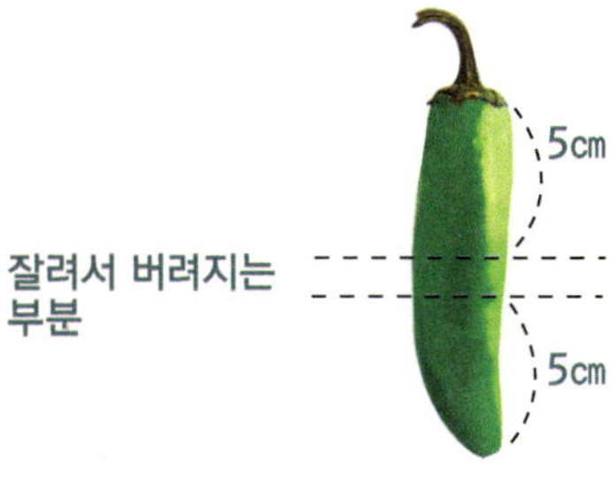

시험장에서의 유의사항

- 완성된 풋고추 전의 색에 유의

16. 표고전

요구 사항

주어진 재료를 사용하여 다음과 같이 표고전을 만드시오.

가. 표고버섯과 속은 각각 양념하여 사용하시오.

나. 표고전은 5개를 제출하시오.

수험자 유의 사항

1) 만드는 순서에 유의하며, 위생과 숙련된 기능평가를 위하여 조리작업 시 맛을 보지 않습니다.
2) 지정된 수험자지참준비물 이외의 조리기구나 재료를 시험장내에 지참할 수 없습니다.
3) 지급재료는 시험 전 확인하여 이상이 있을 경우 시험위원으로부터 조치를 받고 시험 중에는 재료의 교환 및 추가지급은 하지 않습니다.
4) 요구사항의 규격은 "정도"의 의미를 포함하며, 지급된 재료의 크기에 따라 가감하여 채점합니다.
5) 위생복, 위생모, 앞치마를 착용하여야 하며, 시험장비·조리도구 취급 등 안전에 유의합니다.
6) 다음 사항에 대해서는 **채점대상에서 제외하니** 특히 유의하시기 바랍니다.
   가) 기권 - 수험자 본인이 시험 도중 시험에 대한 포기 의사를 표현하는 경우
   나) 실격 - (1) 가스레인지 화구 2개 이상(2개 포함) 사용한 경우
   (2) 불을 사용하여 만든 조리작품이 작품특성에 벗어나는 정도로 타거나 익지 않은 경우
   (3) 위생복, 위생모, 앞치마를 착용하지 않은 경우
   (4) 시험 중 시설·장비(칼, 가스레인지 등) 사용 시 시험위원 및 타수험자의시험 진행에 위해를 일으킬 것으로 시험위원 전원이 합의하여 판단한 경우
   다) 미완성 - (1) 시험시간 내에 과제 두 가지를 제출하지 못한 경우
   (2) 문제의 요구사항대로 과제의 수량이 만들어지지 않은 경우
   라) 오작 - (1) 구이를 조림 등으로 조리하여 완성품을 요구사항과 다르게 만든 경우
   (2) 해당과제의 지급재료 이외의 재료를 사용하거나 석쇠 등 요구사항의 조리도구를 사용하지 않은 경우
   마) 요구사항에 표시된 실격, 미완성, 오작에 해당하는 경우
7) 항목별 배점은 위생상태 및 안전관리 5점, 조리기술 30점, 작품의 평가 15점입니다.
8) 시험시작 전 가벼운 몸 풀기(스트레칭) 동작으로 긴장을 풀고 시험을 시작합니다.

재료 목록

건표고버섯 (지름 2.5~4cm 정도-부서지지 않은 것을 불려서 지급)	5개
소고기(살코기)	30g
두부	15g
밀가루(중력분)	20g
달걀	1개
대파(흰부분-4cm 정도)	1토막
검은후춧가루	1g
참기름	5mL
소금(정제염)	5g
깨소금	5g
마늘(중·깐 것)	1쪽
식용유	20mL
진간장	5mL
흰설탕	5g

합격 포인트

1. 불린 표고버섯은 기둥을 떼고 수분을 제거하고 양념해야 전을 부칠 때 물기가 생기지 않는다.
2. 표고버섯전을 지질때는 밀가루를 고루게 묻힌 뒤 여분의 가루를 털어내고 달걀물에 담갔다가 기름의 양과 불온도를 조절해야 전의 색이 곱다.(팬이 지지기 직전에 묻혀준다)
3. 표고버섯은 소를 채우기 전 표고버섯 안쪽을 방망이나 칼등으로 자근자근 두드려 양념하면 간이 골고루 배이고 표고버섯도 부드러워진다.
4. 소를 넣을때는 가장자리에 밀려 있는 부분까지 펴서 넣어 주어야 익혔을때 소가 떨어지지 않고 소를 많이 넣으면 잘 익지않고 익혔을때 볼록해서 모양이 예쁘지 않다.
5. 표고버섯의 등쪽에 밀가루와 달걀물이 묻지 않도록 한다.

시험장 조리 작업 순서

재료확인 → 재료분리 → 씻기 → 물 올리기 → 파, 마늘 다지기 → 표고버섯 수분 제거 후 밑양념하기(간장·설탕·참기름 약간씩) → 소양념하기(다진 소고기 3:두부 1의 비율로 섞어 소금·다진파·다진마늘·후춧가루·참기름 약간씩) → 표고버섯 안쪽에 밀가루 묻히고 소 채우기 → 옷입히기(밀가루-달걀물:표고버섯 안쪽에만) → 팬에 지지기(기름 제거) → 담기(5개:1개만 뒤집는다)

만드는 법

1. 불린 표고버섯은 기둥을 떼어내고 씻어 수분을 제거하고 간장·설탕·참기름을 약간씩 섞은 다음 밑 양념을 한다.
2. 파, 마늘은 곱게 다진다.
3. **소고기**는 핏물을 제거하여 곱게 다지고, **두부**는 물기를 꼭 짜서 칼 배로 도마에서 으깨어 3:1의 비율로 섞어 다진파·다진마늘·설탕·소금깨소금·후춧가루·참기름을 약간씩 넣어 양념한 다음 고기가 부드러울 때까지 잘 치대어 소를 만든다.
4. 달걀은 노른자에 흰자를 조금 넣고 소금을 넣어 섞어 놓는다.
5. 양념한 표고버섯 안쪽에 밀가루를 골고루 묻혀 털어낸 후 소를 꼭꼭 채워 위를 편편하게 한 다음 소가 들어간 쪽에 밀가루를 묻혀 털어 내고 달걀 물에 담갔다가 팬에 기름을 두르고 은근한 불로 지진 후 4개는 윗면이 보이게 1개는 밑면이 보이게 하여 접시에 담아낸다.(5개)

시험장에서의 유의사항

- 표고의 색깔
- 고기를 완전히 익힘에 유의

시험 시간
25분

17. 생선전

요구 사항

주어진 재료를 사용하여 다음과 같이 생선전을 만드시오.

가. 생선전은 0.5cmx5cmx4cm로 만드시오.

나. 달걀은 흰자, 노른자를 혼합하여 사용하시오.

다. 생선전은 8개 제출하시오.

수험자 유의 사항

1) 만드는 순서에 유의하며, 위생과 숙련된 기능평가를 위하여 조리작업 시 맛을 보지 않습니다.
2) 지정된 수험자지참준비물 이외의 조리기구나 재료를 시험장내에 지참할 수 없습니다.
3) 지급재료는 시험 전 확인하여 이상이 있을 경우 시험위원으로부터 조치를 받고 시험 중에는 재료의 교환 및 추가지급은 하지 않습니다.
4) 요구사항의 규격은 "정도"의 의미를 포함하며, 지급된 재료의 크기에 따라 가감하여 채점합니다.
5) 위생복, 위생모, 앞치마를 착용하여야 하며, 시험장비·조리도구 취급 등 안전에 유의합니다.
6) 다음 사항에 대해서는 **채점대상에서 제외하니** 특히 유의하시기 바랍니다.
   가) 기권 - 수험자 본인이 시험 도중 시험에 대한 포기 의사를 표현하는 경우
   나) 실격 - (1) 가스레인지 화구 2개 이상(2개 포함) 사용한 경우
   (2) 불을 사용하여 만든 조리작품이 작품특성에 벗어나는 정도로 타거나 익지 않은 경우
   (3) 위생복, 위생모, 앞치마를 착용하지 않은 경우
   (4) 시험 중 시설·장비(칼, 가스레인지 등) 사용 시 시험위원 및 타수험자의시험 진행에 위해를 일으킬 것으로 시험위원 전원이 합의하여 판단한 경우
   다) 미완성 - (1) 시험시간 내에 과제 두 가지를 제출하지 못한 경우
   (2) 문제의 요구사항대로 과제의 수량이 만들어지지 않은 경우
   라) 오작 - (1) 구이를 조림 등으로 조리하여 완성품을 요구사항과 다르게 만든 경우
   (2) 해당과제의 지급재료 이외의 재료를 사용하거나 석쇠 등 요구사항의 조리도구를 사용하지 않은 경우
   마) 요구사항에 표시된 실격, 미완성, 오작에 해당하는 경우
7) 항목별 배점은 위생상태 및 안전관리 5점, 조리기술 30점, 작품의 평가 15점입니다.
8) 시험시작 전 가벼운 몸 풀기(스트레칭) 동작으로 긴장을 풀고 시험을 시작합니다.

재료 목록

동태(400g 정도)	1마리
밀가루(중력분)	30g
달걀	1개
소금(정제염)	10g
흰후춧가루	2g
식용유	50mL

합격 포인트

1. 생선을 팬에 지질 때 가시 있던 부분을 먼저 팬에 닿게 지져낸 다음 위로 오게 하여 담아낸다.
2. 약불에서 은근히 지져야 부드럽고 처음부터 기름을 많이 넣고 지지면 생선전의 표면이 거칠다.
3. 생선전의 밀가루 옷이 벗겨지지 않도록 수분제거를 확실하게 하며 밀가루를 미리 묻혀두거나 묻혀서 포개어 놓지 않으며 여분의 가루는 털어낸다.
4. 3장 뜨기란 양쪽 살과 가운데 뼈를 분리하는 것이다.
5. 생선포를 뜰 때는 가로 길이 보다 세로 길이가 더 많이 줄어들기 때문에 생선 길이로 가로 6㎝, 세로 6㎝, 두께 0.4㎝로 포를 떠서 익힌다.

시험장 조리 작업 순서

재료확인 → 재료분리 → 씻기 → 생선손질(비늘, 머리, 내장 제거-3장 뜨기-껍질 벗기기-수분 제거하기) → 포 뜨기(가로·세로 6㎝씩, 두께 0.4㎝) → 간하기(소금·흰후춧가루 약간씩) → 옷 입히기(밀가루-달걀물) → 팬에 지지기(기름제거) → 담기(약간씩 포개어 8개)

만드는 법

1. 생선을 손질한다.

① 생선이 얼었을 경우 흐르는 물에 해동하거나 물에 담궈 둔다.

② 비늘 제거는 꼬리에서 머리 방향으로 칼로 긁은 다음, 생선 머리를 자르고 가위로 지느러미를 자른 후 내장을 꺼내고 흐르는 물에 깨끗이 씻어 수분을 제거한다.

③ 3장 뜨기를 한다.(생선살(앞), 생선살(뒤), 뼈부분)

④ 껍질 벗기기 - 생선 껍질 부분이 밑으로 가도록 하고 꼬리가 수험자 앞쪽으로 놓은 다음 꼬리 끝의 1㎝ 정도 칼집을 넣고 오른손은 칼을 뉘어서 밀고 왼손은 껍질을 당기면서 벗겨낸다.

2. 생선살을 가로 6㎝, 세로 6㎝, 두께 0.4㎝ 정도로 포를 뜬 다음 껍질 쪽에 소금·흰 후춧가루 약간씩 뿌려둔 후 생선에서 나온 물기를 완전히 제거한다.

3. 달걀 노른자에 흰자를 조금 넣고 소금을 넣어 잘 섞어 둔다.

4. 생선에 밀가루를 골고루 묻혀 여분의 가루를 털어낸 다음 달걀 푼 것에 담궜다가 팬을 달군 뒤 기름을 두르고 불을 끈 다음 생선의 뼈 쪽 살을 팬 바닥에 놓고 약불로 지져낸 후 껍질 부분이 바닥으로 가게 하여 기름을 제거한다.

5. 뼈 쪽 살이 위로 오게 하여 접시에 약간씩 포개어 담아낸다.(8개)

시험장에서의 유의사항

- 생선이 부서지지 않아야 함
- 전의 색과 달걀 옷 떨어지지 않게 매끄럽게 지지기

시험 시간 20분

18. 육원전

요구 사항

주어진 재료를 사용하여 다음과 같이 육원전을 만드시오.

가. 육원전은 지름이 4cm, 두께 0.7cm 정도가 되도록 하시오.

나. 달걀은 흰자, 노른자를 혼합하여 사용하시오.

다. 육원전은 6개를 제출하시오.

수험자 유의 사항

1) 만드는 순서에 유의하며, 위생과 숙련된 기능평가를 위하여 조리작업 시 맛을 보지 않습니다.
2) 지정된 수험자지참준비물 이외의 조리기구나 재료를 시험장내에 지참할 수 없습니다.
3) 지급재료는 시험 전 확인하여 이상이 있을 경우 시험위원으로부터 조치를 받고 시험 중에는 재료의 교환 및 추가지급은 하지 않습니다.
4) 요구사항의 규격은 "정도"의 의미를 포함하며, 지급된 재료의 크기에 따라 가감하여 채점합니다.
5) 위생복, 위생모, 앞치마를 착용하여야 하며, 시험장비·조리도구 취급 등 안전에 유의합니다.
6) 다음 사항에 대해서는 **채점대상에서 제외하니** 특히 유의하시기 바랍니다.
   가) 기권 - 수험자 본인이 시험 도중 시험에 대한 포기 의사를 표현하는 경우
   나) 실격 - (1) 가스레인지 화구 2개 이상(2개 포함) 사용한 경우
   (2) 불을 사용하여 만든 조리작품이 작품특성에 벗어나는 정도로 타거나 익지 않은 경우
   (3) 위생복, 위생모, 앞치마를 착용하지 않은 경우
   (4) 시험 중 시설·장비(칼, 가스레인지 등) 사용 시 시험위원 및 타수험자의시험 진행에 위해를 일으킬 것으로 시험위원 전원이 합의하여 판단한 경우
   다) 미완성 - (1) 시험시간 내에 과제 두 가지를 제출하지 못한 경우
   (2) 문제의 요구사항대로 과제의 수량이 만들어지지 않은 경우
   라) 오작 - (1) 구이를 조림 등으로 조리하여 완성품을 요구사항과 다르게 만든 경우
   (2) 해당과제의 지급재료 이외의 재료를 사용하거나 석쇠 등 요구사항의 조리도구를 사용하지 않은 경우
   마) 요구사항에 표시된 실격, 미완성, 오작에 해당하는 경우
7) 항목별 배점은 위생상태 및 안전관리 5점, 조리기술 30점, 작품의 평가 15점입니다.
8) 시험시작 전 가벼운 몸 풀기(스트레칭) 동작으로 긴장을 풀고 시험을 시작합니다.

재료 목록

소고기(살코기)	70g
두부	30g
밀가루(중력분)	20g
달걀	1개
대파(흰부분-4cm 정도)	1토막
검은후춧가루	2g
참기름	5mL
소금(정제염)	5g
마늘(중·깐 것)	1쪽
식용유	30mL
깨소금	5g
흰설탕	5g

합격 포인트

1. 완자 반죽은 끈기가 생기도록 충분히 치대야 완자를 빚을 때 가장자리가 갈라지지 않고 표면도 매끄럽다.
2. 육원전을 지질 때는 밀가루를 고르게 묻힌 뒤 여분의 밀가루는 털어내고 달걀 물에 담갔다가 기름의 양과 불 온도를 조절해야 전의 색이 곱다.
3. 익히고 난 후에 완자의 크기는 작아지고 두께는 두꺼워지기 때문에 직경 4.5㎝, 두께 0.6㎝ 정도로 빚은 후 옆면을 굴려서 모양을 만든 다음 가운데를 살짝 눌러 익힌다.
4. 접시에 담을 때는 처음에 지진 면이 위로 보이도록 담는다.
5. 양념의 간은 소금으로 해야 물기가 생기지 않는다.

시험장 조리 작업 순서

재료확인 → 재료분리 → 씻기 → 파, 마늘 다지기 → 소고기, 두부 다지기 → 양념하기(다진 소고기3:두부1의 비율로 섞어 소금 $\frac{1}{3}$작은술, 다진파 $\frac{1}{2}$작은술, 다진마늘 $\frac{1}{4}$작은술, 후춧가루·깨소금·설탕·참기름 약간씩) → 완자 빚기(직경 5㎝ 두께 0.5㎝) → 옷 입히기(밀가루-달걀물) → 팬에 지지기(기름 제거) → 담기(팬에 먼저 닿았던 부분이 위로 오게 6개, 4cm)

만드는 법

1. 파. 마늘은 곱게 다진다.
2. 소고기는 핏물 제거 후 곱게 다진다.
3. 두부는 물기를 짠 후 칼 배로 도마에서 으깬다.
4. 소고기와 두부를 3 : 1의 비율로 섞고 다진파 $\frac{1}{2}$작은술, 다진마늘 $\frac{1}{4}$작은술, 소금 $\frac{1}{3}$작은술, 후춧가루·깨소금·설탕·참기름을 약간씩 넣어 끈기가 나도록 충분히 치대어 직경 5㎝, 두께 0.5㎝ 크기로 둥글게 완자를 빚어 옆면을 굴려서 모양을 만든다.
5. 달걀은 노른자에 흰자를 조금 넣고 소금을 넣어 잘 풀어서 체에 내려준다.
6. 완자에 밀가루를 골고루 묻히고 달걀 푼 것에 담갔다가 팬을 달군 뒤 기름을 두르고 완자를 넣어 겉표면의 달걀물이 익으면 바로 뒤집어 숟가락으로 완자 가운데를 눌러준 다음 옆면의 달걀물이 마르기 전에 젓가락 사이에 세워서 굴려가며 모양을 잡은 뒤 약불에서 타지 않게 지져 낸 다음 기름을 제거한다.
7. 팬에 먼저 닿았던 부분이 위로 오게하여 접시에 담아낸다.(6개, 4cm)

시험장에서의 유의사항

- 고기와 두부의 배합 비율
- 전의 고기가 속까지 익어야 함
- 색과 매끈한 표면에 유의하여 지짐

시험 시간 25분

19. 두부조림

요구 사항

주어진 재료를 사용하여 다음과 같이 두부조림을 만드시오.

가. 두부는 0.8cmx3cmx4.5cm로 써시오.

나. 8쪽을 제출하고, 촉촉하게 보이도록 국물을 약간 끼얹어 내시오.

다. 실고추와 파채를 고명으로 얹으시오.

수험자 유의 사항

1) 만드는 순서에 유의하며, 위생과 숙련된 기능평가를 위하여 조리작업 시 맛을 보지 않습니다.
2) 지정된 수험자지참준비물 이외의 조리기구나 재료를 시험장내에 지참할 수 없습니다.
3) 지급재료는 시험 전 확인하여 이상이 있을 경우 시험위원으로부터 조치를 받고 시험 중에는 재료의 교환 및 추가지급은 하지 않습니다.
4) 요구사항의 규격은 "정도"의 의미를 포함하며, 지급된 재료의 크기에 따라 가감하여 채점합니다.
5) 위생복, 위생모, 앞치마를 착용하여야 하며, 시험장비·조리도구 취급 등 안전에 유의합니다.
6) 다음 사항에 대해서는 **채점대상에서 제외하니** 특히 유의하시기 바랍니다.
   가) 기권 - 수험자 본인이 시험 도중 시험에 대한 포기 의사를 표현하는 경우
   나) 실격 - (1) 가스레인지 화구 2개 이상(2개 포함) 사용한 경우
   (2) 불을 사용하여 만든 조리작품이 작품특성에 벗어나는 정도로 타거나 익지 않은 경우
   (3) 위생복, 위생모, 앞치마를 착용하지 않은 경우
   (4) 시험 중 시설·장비(칼, 가스레인지 등) 사용 시 시험위원 및 타수험자의시험 진행에 위해를 일으킬 것으로 시험위원 전원이 합의하여 판단한 경우
   다) 미완성 - (1) 시험시간 내에 과제 두 가지를 제출하지 못한 경우
   (2) 문제의 요구사항대로 과제의 수량이 만들어지지 않은 경우
   라) 오작 - (1) 구이를 조림 등으로 조리하여 완성품을 요구사항과 다르게 만든 경우
   (2) 해당과제의 지급재료 이외의 재료를 사용하거나 석쇠 등 요구사항의 조리도구를 사용하지 않은 경우
   마) 요구사항에 표시된 실격, 미완성, 오작에 해당하는 경우
7) 항목별 배점은 위생상태 및 안전관리 5점, 조리기술 30점, 작품의 평가 15점입니다.
8) 시험시작 전 가벼운 몸 풀기(스트레칭) 동작으로 긴장을 풀고 시험을 시작합니다.

재료 목록

두부	200g
대파(흰부분-4cm 정도)	1토막
실고추(길이 10cm 1~2줄기)	1g
검은후춧가루	1g
참기름	5mL
소금(정제염)	5g
마늘(중·깐 것)	1쪽
식용유	30mL
진간장	15mL
깨소금	5g
흰설탕	5g

합격 포인트

1. 두부를 자주 뒤집는 것보다는 한쪽면이 충분히 익은 후 뒤집어 준다.
2. 두부를 기름에 지질 땐 센 불에서 색깔이 앞뒤로 균일하게(황색) 나도록 지져야 물이 생기지 않고 부서지지 않으며, 조림을 했을 때 색이 곱다.
3. 조림을 할 때는 뚜껑을 열고 국물을 끼얹어 가면서 조려야 윤기가 나고 간이 고루 배인다.
4. 두부는 썰어 접시에 면보를 깔고 두부를 올리고 소금을 뿌리고 면보를 덮어 수분을 제거한다.

시험장 조리 작업 순서

재료확인 → 재료분리 → 씻기 → 두부 0.3㎝×4.5㎝×0.8㎝로 썰어 소금 뿌리기 → 마늘 다지기 → 채썰기(실고추 2.5㎝-파(흰) 0.2㎝×2.5㎝) → 조림장 만들기(간장 1큰술, 설탕 $\frac{1}{2}$큰술, 물 2큰술, 다진 마늘·깨소금·참기름 약간씩) → 국물 끼얹어 가며 조리기 → 파채, 실고추 올리고 뜸들이기 → 담기(8개, 약간씩 포개어, 국물 약간)

만드는 법

1. 두부는 가로 4.5㎝, 세로 3㎝, 두께 0.8㎝ 크기의 직사각형 모양으로 일정하게 썰어 소금을 뿌린 다음 면보로 물기를 제거하고 팬을 달군 뒤 기름을 두르고 두부를 앞뒤로 노릇노릇하게 지져낸다.
2. **마늘**은 곱게 다지고, **파**(흰 부분)는 길이 2.5㎝, 폭 0.2㎝ 크기로 채 썬다. **실고추**는 2.5㎝ 길이로 자른다.
3. **조림장**을 만든다.(간장 1큰술, 설탕 $\frac{1}{2}$큰술, 물 2큰술, 다진마늘·깨소금·참기름을 약간씩)
4. 냄비에 두부를 담고 그 위에 양념장을 붓고 국물을 끼얹어 가며 골고루 색과 간이 배이도록 하여 윤기나게 조린 다음 국물이 2큰술 정도 남았을 때 파채와 실고추를 고명으로 얹고 잠시 뚜껑을 덮어 뜸을 들인다.
5. 접시에 약간씩 포개어 담고 국물을 끼얹어 담아낸다.

시험장에서의 유의사항

- 두부의 크기와 갯수
- 부서지지 않고 질기지 않게 조림의 색깔과 윤기

시험 시간
20분

20. 홍합초

요구 사항

주어진 재료를 사용하여 다음과 같이 홍합초를 만드시오.

가. 마늘과 생강은 편으로, 파는 2cm로 써시오.

나. 홍합은 전량 사용하고, 촉촉하게 보이도록 국물을 끼얹어 제출하시오.

다. 잣가루를 고명으로 얹으시오.

수험자 유의 사항

1) 만드는 순서에 유의하며, 위생과 숙련된 기능평가를 위하여 조리작업 시 맛을 보지 않습니다.
2) 지정된 수험자지참준비물 이외의 조리기구나 재료를 시험장내에 지참할 수 없습니다.
3) 지급재료는 시험 전 확인하여 이상이 있을 경우 시험위원으로부터 조치를 받고 시험 중에는 재료의 교환 및 추가지급은 하지 않습니다.
4) 요구사항의 규격은 "정도"의 의미를 포함하며, 지급된 재료의 크기에 따라 가감하여 채점합니다.
5) 위생복, 위생모, 앞치마를 착용하여야 하며, 시험장비·조리도구 취급 등 안전에 유의합니다.
6) 다음 사항에 대해서는 **채점대상에서 제외하니** 특히 유의하시기 바랍니다.
   가) 기권 - 수험자 본인이 시험 도중 시험에 대한 포기 의사를 표현하는 경우
   나) 실격 - (1) 가스레인지 화구 2개 이상(2개 포함) 사용한 경우
   (2) 불을 사용하여 만든 조리작품이 작품특성에 벗어나는 정도로 타거나 익지 않은 경우
   (3) 위생복, 위생모, 앞치마를 착용하지 않은 경우
   (4) 시험 중 시설·장비(칼, 가스레인지 등) 사용 시 시험위원 및 타수험자의시험 진행에 위해를 일으킬 것으로 시험위원 전원이 합의하여 판단한 경우
   다) 미완성 - (1) 시험시간 내에 과제 두 가지를 제출하지 못한 경우
   (2) 문제의 요구사항대로 과제의 수량이 만들어지지 않은 경우
   라) 오작 - (1) 구이를 조림 등으로 조리하여 완성품을 요구사항과 다르게 만든 경우
   (2) 해당과제의 지급재료 이외의 재료를 사용하거나 석쇠 등 요구사항의 조리도구를 사용하지 않은 경우
   마) 요구사항에 표시된 실격, 미완성, 오작에 해당하는 경우
7) 항목별 배점은 위생상태 및 안전관리 5점, 조리기술 30점, 작품의 평가 15점입니다.
8) 시험시작 전 가벼운 몸 풀기(스트레칭) 동작으로 긴장을 풀고 시험을 시작합니다.

재료 목록

생홍합(굵고 싱싱한 것-껍질 벗긴 것으로 지급)	100g
대파(흰부분-4cm 정도)	1토막
검은후춧가루	2g
참기름	5mL
마늘(중·깐 것)	2쪽
진간장	40mL
생강	15g
흰설탕	10g
잣(깐 것)	5개
A4용지	1장

합격 포인트

1. 파, 마늘은 너무 무르지 않게 익히고 홍합은 딱딱하지 않게 중불에서 양념장을 끼얹어가며 은근히 조려야 색깔이 곱고 윤기가 나게 조려진다.
2. 홍합을 데칠 때는 살짝 데쳐야 조림을 하고 나면 부드럽다.
3. 잣은 곱게 다져서 중앙에 고명으로 뿌려낸다.(찧으면 기름이 나와서 가루가 안된다)
4. 마늘은 뿌리심이 가운데 오도록 가로로 편썰기 해야 졸였을 때 부서지지 않는다.

시험장 조리 작업 순서

재료확인 → 재료분리 → 씻기(홍합은 소금물에 씻어 수염 제거) → 물 올리기 → 홍합 데치기 → 잣 곱게 다지기 → 썰기(파(흰)2㎝길이-생강, 마늘 0.2㎝ 두께 편썰기) → 조림 양념장 만들기(간장 2큰술, 설탕 1큰술, 물 4큰술) → 조리기(양념장-마늘, 생강-홍합-파-참기름 $\frac{1}{2}$작은술, 후춧가루 약간) → 담기(국물 약간, 잣가루)

만드는 법

1. 홍합은 붙어있는 수염을 떼어 내고 다듬은 다음 옅은 소금물에 흔들어 씻은 후 끓는 물에 소금을 넣고 살짝 데쳐 낸다.
2. **파**는 2㎝ 길이로 통썰기 하고, **생강**과 **마늘**은 0.2㎝ 두께 편으로 썬다.
3. 잣은 고깔을 떼어내고 종이 위에서 칼날로 곱게 다져 기름기를 제거한 후 보슬보슬하게 잣가루를 만든다.
4. 냄비에 간장 2큰술, 설탕 1큰술, 물 4큰술을 넣고 끓으면 마늘편, 생강편, 데친 홍합살을 넣고 은근한 불에서 국물을 끼얹어 가며 서서히 윤기나게 조리다가 파를 넣고 조린다.
5. 국물이 1큰술 정도 남았을 때 불을 끄고 후춧가루와 참기름을 넣고 버무린 후 접시에 담고 조린 국물을 끼얹은 다음 잣가루를 뿌려낸다.

시험장에서의 유의사항

- 홍합 손질법
- 홍합이 질기지 않게, 윤기나게 조리기

시험 시간 35분

21. 겨자채

요구 사항

주어진 재료를 사용하여 다음과 같이 겨자채를 만드시오.

가. 채소, 편육, 황·백지단, 배는 0.3cmx1cmx4cm로 써시오.

나. 밤은 모양대로 납작하게 써시오.

다. 겨자는 발효시켜 매운맛이 나도록 하여 간을 맞춘 후 재료를 무쳐서 담고, 잣은 고명으로 올리시오

수험자 유의 사항

1) 만드는 순서에 유의하며, 위생과 숙련된 기능평가를 위하여 조리작업 시 맛을 보지 않습니다.
2) 지정된 수험자지참준비물 이외의 조리기구나 재료를 시험장내에 지참할 수 없습니다.
3) 지급재료는 시험 전 확인하여 이상이 있을 경우 시험위원으로부터 조치를 받고 시험 중에는 재료의 교환 및 추가지급은 하지 않습니다.
4) 요구사항의 규격은 "정도"의 의미를 포함하며, 지급된 재료의 크기에 따라 가감하여 채점합니다.
5) 위생복, 위생모, 앞치마를 착용하여야 하며, 시험장비·조리도구 취급 등 안전에 유의합니다.
6) 다음 사항에 대해서는 **채점대상에서 제외하니** 특히 유의하시기 바랍니다.
   가) 기권 - 수험자 본인이 시험 도중 시험에 대한 포기 의사를 표현하는 경우
   나) 실격 - (1) 가스레인지 화구 2개 이상(2개 포함) 사용한 경우
   (2) 불을 사용하여 만든 조리작품이 작품특성에 벗어나는 정도로 타거나 익지 않은 경우
   (3) 위생복, 위생모, 앞치마를 착용하지 않은 경우
   (4) 시험 중 시설·장비(칼, 가스레인지 등) 사용 시 시험위원 및 타수험자의시험 진행에 위해를 일으킬 것으로 시험위원 전원이 합의하여 판단한 경우
   다) 미완성 - (1) 시험시간 내에 과제 두 가지를 제출하지 못한 경우
   (2) 문제의 요구사항대로 과제의 수량이 만들어지지 않은 경우
   라) 오작 - (1) 구이를 조림 등으로 조리하여 완성품을 요구사항과 다르게 만든 경우
   (2) 해당과제의 지급재료 이외의 재료를 사용하거나 석쇠 등 요구사항의 조리도구를 사용하지 않은 경우
   마) 요구사항에 표시된 실격, 미완성, 오작에 해당하는 경우
7) 항목별 배점은 위생상태 및 안전관리 5점, 조리기술 30점, 작품의 평가 15점입니다.
8) 시험시작 전 가벼운 몸 풀기(스트레칭) 동작으로 긴장을 풀고 시험을 시작합니다.

재료 목록

양배추(길이 5cm)	50g
오이(가늘고 곧은 것-20cm정도)	1/3개
당근(곧은 것-길이 7cm 정도)	50g
소고기(살코기-길이 5cm)	50g
밤(중·생 것-껍질 깐 것)	2개
달걀	1개
배(중·길이로 등분-50g 정도 지급)	1/8개
흰설탕	20g
잣(깐 것)	5개
소금(정제염)	5g
식초	10mL
진간장	5mL
겨자가루	6g
식용유	10mL

합격 포인트

1. 고기는 완전히 익으면 식힌 후에 톱질하듯이 썰어야 부서지지 않고 깨끗하게 썰어진다.
2. 모든 채소는 싱싱하게 하기 위해 썰어 찬물에 담갔다가 물기를 없앤 다음 버무려야 겨자즙이 잘 묻는다.
3. 내기 직전에 채소에 알맞게 소스를 넣고 젓가락으로 가볍게 버무려 낸다.
4. 잣은 고깔을 떼어내고 고명으로 올린다.
5. 달걀은 다른 재료를 먼저 겨자장에 버무리고 나중에 넣어야 찢어지지 않는다.
6. 오이·당근·양배추는 물에 오래 담가두면 휘어지므로 주의한다.

시험장 조리 작업 순서

재료확인 → 재료분리 → 씻기 → 물 끓이기 → 소고기 삶기 → 겨자 발효(40℃ 물 $\frac{1}{2}$큰술, 가루겨자 1큰술) 시키기 → 채소 썰기(양배추 1㎝×4㎝, 오이(푸), 당근 0.3㎝×1㎝×4㎝ :찬물-배 0.3㎝×1㎝×4㎝, 밤 0.3㎝×1㎝:설탕물) → 황·백 지단 부쳐 썰기: 0.3㎝×1㎝×4㎝ → 소고기 식혀 편썰기: 0.3㎝×1㎝×4㎝ → 비늘 잣 만들기(잣길이$\frac{1}{2}$) → 겨자즙 만들기(숙성겨자, 설탕, 식초 1큰술씩, 물 2큰술, 소금 $\frac{1}{2}$작은술, 간장 약간) → 채소 수분제거 버무리기(양배추, 오이 당근, 밤, 배, 지단, 겨자즙 : 양을 조절하여 넣는다) → 담기(고명얹기:잣)

만드는 법

1. 소고기는 끓는 물에 소금을 약간 넣고 덩어리째 삶아 뜨거울 때 면보에 싸서 모양을 잡은 다음 식으면 길이 4㎝, 폭 1㎝, 두께 0.3㎝로 썬다.
2. 가루겨자 1큰술에 40℃의 따뜻한 물 $\frac{1}{2}$큰술을 넣어 되직하게 갠 다음 그릇에 넓게 펴 발라 편육 삶는 냄비 뚜껑을 뒤집어 덮고 겨자 갠 그릇을 엎어 15분 정도 발효시켜 따뜻한 물로 헹군 다음 사용한다.
3. **겨자초장**을 만들어 굵은체에 내린다.(②의 숙성겨자, 설탕 1큰술, 식초 1큰술, 물 2큰술, 간장 약간, 소금 $\frac{1}{2}$ 작은술)
4. **양배추**는 길이 4㎝, 폭 1㎝, 두께 0.3㎝로 썬다. **오이**(푸른 부분만 사용), **당근**은 길이 4㎝, 폭 1㎝, 두께 0.3㎝로 썰어 찬물에 담궜다가 건져 수분을 제거한다.
5. **배**는 길이 4㎝, 폭 1㎝, 두께 0.3㎝로 썰고, **밤**은 겉·속껍질을 제거하고 폭 1㎝, 두께 0.3㎝로 썰어 설탕물에 담궜다가 건져 수분을 제거한다.
6. 달걀은 황·백으로 나누어 소금을 약간 넣고 0.3㎝ 두께로 지단을 부쳐 길이 4㎝, 폭 1㎝로 썬다.
7. 잣은 고깔을 떼고 고명을 올린다.
8. 오이, 당근, 양배추, 고기를 겨자 소스에 먼저 버무리고, 밤, 배를 넣고 버무리고 지단은 마지막에 넣어 가볍게 버무려 그릇에 담고 중앙에 잣을 고명으로 올린다.(내기 직전에 버무려 낸다)

시험장에서의 유의사항

- 모든 재료의 크기 일정하게 썰기
- 채소 싱싱하고 아삭하게 준비
- 겨자 매운맛 나게 만들기
- 잣 고명으로 얹기

시험 시간
15분

22. 도라지생채

요구 사항

주어진 재료를 사용하여 다음과 같이 도라지생채를 만드시오.

가. 도라지는 0.3cmx0.3cmx6cm로 써시오.

나. 생채는 고추장과 고춧가루 양념으로 무쳐 제출하시오.

수험자 유의 사항

1) 만드는 순서에 유의하며, 위생과 숙련된 기능평가를 위하여 조리작업 시 맛을 보지 않습니다.
2) 지정된 수험자지참준비물 이외의 조리기구나 재료를 시험장내에 지참할 수 없습니다.
3) 지급재료는 시험 전 확인하여 이상이 있을 경우 시험위원으로부터 조치를 받고 시험 중에는 재료의 교환 및 추가지급은 하지 않습니다.
4) 요구사항의 규격은 "정도"의 의미를 포함하며, 지급된 재료의 크기에 따라 가감하여 채점합니다.
5) 위생복, 위생모, 앞치마를 착용하여야 하며, 시험장비·조리도구 취급 등 안전에 유의합니다.
6) 다음 사항에 대해서는 **채점대상에서 제외하니** 특히 유의하시기 바랍니다.
   가) 기권 - 수험자 본인이 시험 도중 시험에 대한 포기 의사를 표현하는 경우
   나) 실격 - (1) 가스레인지 화구 2개 이상(2개 포함) 사용한 경우
   (2) 불을 사용하여 만든 조리작품이 작품특성에 벗어나는 정도로 타거나 익지 않은 경우
   (3) 위생복, 위생모, 앞치마를 착용하지 않은 경우
   (4) 시험 중 시설·장비(칼, 가스레인지 등) 사용 시 시험위원 및 타수험자의시험 진행에 위해를 일으킬 것으로 시험위원 전원이 합의하여 판단한 경우
   다) 미완성 - (1) 시험시간 내에 과제 두 가지를 제출하지 못한 경우
   (2) 문제의 요구사항대로 과제의 수량이 만들어지지 않은 경우
   라) 오작 - (1) 구이를 조림 등으로 조리하여 완성품을 요구사항과 다르게 만든 경우
   (2) 해당과제의 지급재료 이외의 재료를 사용하거나 석쇠 등 요구사항의 조리도구를 사용하지 않은 경우
   마) 요구사항에 표시된 실격, 미완성, 오작에 해당하는 경우
7) 항목별 배점은 위생상태 및 안전관리 5점, 조리기술 30점, 작품의 평가 15점입니다.
8) 시험시작 전 가벼운 몸 풀기(스트레칭) 동작으로 긴장을 풀고 시험을 시작합니다.

재료 목록

통도라지(껍질 있는 것)	3개
소금(정제염)	5g
고추장	20g
흰설탕	10g
식초	15mL
대파(흰부분-4cm 정도)	1토막
마늘(중·깐 것)	1쪽
깨소금	5g
고춧가루	10g

합격 포인트

1. 소금에 절인 도라지는 손으로 주물러서 쓴맛을 빼고 부드럽게 해야 고추장 양념이 잘 스며들어 색이 겉돌지 않는다.
2. 양념장을 미리 만들어 고운 색깔이 나도록 한다.
3. 양념을 한 번에 넣어 버무리는 것보다 색을 보면서 조금씩 넣는 것이 좋다.
4. 생채를 버무릴 때는 나무젓가락을 사용해 버무린다.
5. 숨이 죽어 보이지 않게 볼륨감을 살려서 소복하게 담아낸다.)
6. 고춧가루는 고운체에 내려 사용한다.
7. 내기 직전에 버무려낸다.

시험장 조리 작업 순서

재료확인 → 재료분리 → 씻기(도라지 껍질 돌려가며 벗기기) → 도라지 0.3㎝×0.3㎝×6㎝ 길이로 채 썰어 소금에 주물러 씻어 수분 제거하기 → 파, 마늘 다지기 → 고춧가루 체에 내리기 → 생채 양념장 만들기(고추장 1큰술, 고운 고춧가루, 설탕, 식초 1작은술씩, 다진파·다진마늘·깨소금 약간씩) → 양념장에 버무리기(양념장을 넣어가면서, 제출하기 직전에) → 담기

만드는 법

1. 도라지는 껍질을 벗기고 6㎝ 길이로 잘라 0.3㎝ 두께로 포 뜬 다음 0.3㎝ 폭으로 채를 썰어 소금에 절여 주물러서 쓴맛을 제거하고 찬물에 헹궈 면보로 수분을 제거한다.
2. 파, 마늘은 곱게 다진다.
3. 생채 **양념장을 만든다.**(고추장 1큰술, 고운 고춧가루 1작은술, 설탕 1작은술, 식초 1작은술, 다진파·다진마늘·깨소금을 약간씩)
4. 도라지에 양념장을 조금씩 넣어가며 알맞은 색과 간을 맞춘 다음 소복하게 담아낸다.(제출하기 직전에 무쳐야 물기가 덜 생긴다)

시험장에서의 유의사항

- 도라지 굵기와 길이
- 쓴맛 제거
- 양념이 거칠지 않고 색이 곱게 버무리기 유의

23. 무생채

요구 사항

주어진 재료를 사용하여 다음과 같이 무생채를 만드시오.

가. 무는 0.2cmx0.2cmx6cm 정도 크기로 썰어 사용하시오.

나. 생채는 고춧가루를 사용하시오.

다. 무생채는 70g 이상 제출하시오.

수험자 유의 사항

1) 만드는 순서에 유의하며, 위생과 숙련된 기능평가를 위하여 조리작업 시 맛을 보지 않습니다.
2) 지정된 수험자지참준비물 이외의 조리기구나 재료를 시험장내에 지참할 수 없습니다.
3) 지급재료는 시험 전 확인하여 이상이 있을 경우 시험위원으로부터 조치를 받고 시험 중에는 재료의 교환 및 추가지급은 하지 않습니다.
4) 요구사항의 규격은 "정도"의 의미를 포함하며, 지급된 재료의 크기에 따라 가감하여 채점합니다.
5) 위생복, 위생모, 앞치마를 착용하여야 하며, 시험장비·조리도구 취급 등 안전에 유의합니다.
6) 다음 사항에 대해서는 **채점대상에서 제외하니** 특히 유의하시기 바랍니다.
   가) 기권 - 수험자 본인이 시험 도중 시험에 대한 포기 의사를 표현하는 경우
   나) 실격 - (1) 가스레인지 화구 2개 이상(2개 포함) 사용한 경우
   (2) 불을 사용하여 만든 조리작품이 작품특성에 벗어나는 정도로 타거나 익지 않은 경우
   (3) 위생복, 위생모, 앞치마를 착용하지 않은 경우
   (4) 시험 중 시설·장비(칼, 가스레인지 등) 사용 시 시험위원 및 타수험자의시험 진행에 위해를 일으킬 것으로 시험위원 전원이 합의하여 판단한 경우
   다) 미완성 - (1) 시험시간 내에 과제 두 가지를 제출하지 못한 경우
   (2) 문제의 요구사항대로 과제의 수량이 만들어지지 않은 경우
   라) 오작 - (1) 구이를 조림 등으로 조리하여 완성품을 요구사항과 다르게 만든 경우
   (2) 해당과제의 지급재료 이외의 재료를 사용하거나 석쇠 등 요구사항의 조리도구를 사용하지 않은 경우
   마) 요구사항에 표시된 실격, 미완성, 오작에 해당하는 경우
7) 항목별 배점은 위생상태 및 안전관리 5점, 조리기술 30점, 작품의 평가 15점입니다.
8) 시험시작 전 가벼운 몸 풀기(스트레칭) 동작으로 긴장을 풀고 시험을 시작합니다.

재료 목록

무(길이 7cm 정도)	100g
소금(정제염)	5g
고춧가루	10g
흰설탕	10g
식초	5mL
대파(흰부분-4cm 정도)	1토막
마늘(중·깐 것)	1쪽
깨소금	5g
생강	5g

합격 포인트

1. 무를 채 썰 때는 결 방향(길이)으로 썰어야 굵기가 고르게 부서지지 않고 신선한 제 맛을 즐기며 버무렸을때 색이 곱고 보기좋다.
2. 무생채는 내기 직전에 버무려야 물이 생기지 않는다.
3. 무는 절여서 사용하지 않는다.
4. 고춧가루 물을 들일 때는 체에 내린 고운 고춧가루를 넣어 미리 물들여 놓는다.

시험장 조리 작업 순서

재료확인 → 재료분리 → 씻기 → 무(0.2㎝×0.2㎝×6㎝)채 썰기 → 고춧가루 고운체에 내리기 → 무에 고춧가루(1작은술) 물들이기 → 파, 마늘, 생강 다지기 → 버무리기(무, 소금 $\frac{1}{2}$작은술, 식초, 설탕 1작은술씩, 깨소금·다진파·다진마늘·다진생강 약간씩) → 담기(70g 이상)

만드는 법

1. 무는 껍질을 벗기고 길이 6㎝, 폭과 두께는 0.2㎝ 길이 방향으로 일정하게 썰어 체에 내린 고운 고춧가루에 1작은술(조금씩 넣어가며 색을 맞춘다.)을 넣고 젓가락으로 살짝 버무려 붉은색으로 물들여 놓는다.
2. 파, 마늘, 생강은 곱게 다진다.
3. 내기 직전에 소금 $\frac{1}{2}$작은술, 식초 1작은술, 설탕 1작은술, 깨소금·다진파·다진마늘·다진생강을 약간씩 넣어 고춧가루물을 들인 무에 넣고 젓가락으로 가볍게 버무려 소복하게 70g 이상을 담아낸다.

시험장에서의 유의사항

- 무채 길이와 굵기
- 무채의 색
- 생채는 싱싱하고 깨끗하게
- 식초와 설탕의 간 맞추기에 유의

시험 시간
20분

24. 더덕생채

요구 사항

주어진 재료를 사용하여 다음과 같이 더덕생채를 만드시오.

가. 더덕은 5cm로 썰어 두들겨 편 후 찢어서 쓴맛을 제거하여 사용하시오.

나. 고춧가루로 양념하고, 전량 제출하시오.

수험자 유의 사항

1) 만드는 순서에 유의하며, 위생과 숙련된 기능평가를 위하여 조리작업 시 맛을 보지 않습니다.
2) 지정된 수험자지참준비물 이외의 조리기구나 재료를 시험장내에 지참할 수 없습니다.
3) 지급재료는 시험 전 확인하여 이상이 있을 경우 시험위원으로부터 조치를 받고 시험 중에는 재료의 교환 및 추가지급은 하지 않습니다.
4) 요구사항의 규격은 "정도"의 의미를 포함하며, 지급된 재료의 크기에 따라 가감하여 채점합니다.
5) 위생복, 위생모, 앞치마를 착용하여야 하며, 시험장비·조리도구 취급 등 안전에 유의합니다.
6) 다음 사항에 대해서는 **채점대상에서 제외하니** 특히 유의하시기 바랍니다.
   가) 기권 - 수험자 본인이 시험 도중 시험에 대한 포기 의사를 표현하는 경우
   나) 실격 - (1) 가스레인지 화구 2개 이상(2개 포함) 사용한 경우
   (2) 불을 사용하여 만든 조리작품이 작품특성에 벗어나는 정도로 타거나 익지 않은 경우
   (3) 위생복, 위생모, 앞치마를 착용하지 않은 경우
   (4) 시험 중 시설·장비(칼, 가스레인지 등) 사용 시 시험위원 및 타수험자의시험 진행에 위해를 일으킬 것으로 시험위원 전원이 합의하여 판단한 경우
   다) 미완성 - (1) 시험시간 내에 과제 두 가지를 제출하지 못한 경우
   (2) 문제의 요구사항대로 과제의 수량이 만들어지지 않은 경우
   라) 오작 - (1) 구이를 조림 등으로 조리하여 완성품을 요구사항과 다르게 만든 경우
   (2) 해당과제의 지급재료 이외의 재료를 사용하거나 석쇠 등 요구사항의 조리도구를 사용하지 않은 경우
   마) 요구사항에 표시된 실격, 미완성, 오작에 해당하는 경우
7) 항목별 배점은 위생상태 및 안전관리 5점, 조리기술 30점, 작품의 평가 15점입니다.
8) 시험시작 전 가벼운 몸 풀기(스트레칭) 동작으로 긴장을 풀고 시험을 시작합니다.

재료 목록

통더덕(껍질 있는 것-길이 10~15cm 정도)	2개
마늘(중·깐 것)	1쪽
흰설탕	5g
식초	5mL
대파(흰부분-4cm 정도)	1토막
소금(정제염)	5g
깨소금	5g
고춧가루	20g

합격 포인트

1. 더덕 깨지지 않게 두들겨 가늘게 찢기
2. 고춧가루는 체에 내려 고운 고춧가루로 사용한다.
3. 생채를 버무릴 때는 젓가락을 사용해 버무린다.
4. 숨이 죽어 보이지 않게 보슬보슬하게 부풀려서 담아낸다.
5. 내기 직전에 버무려 낸다.

시험장 조리 작업 순서

재료확인 → 재료분리 → 씻기(더덕 껍질 돌려가며 벗기기) → 더덕 5cm 길이로 자른 후 옅은 소금물에 쓴맛을 뺀 다음 두들겨 가늘게 찢기 → 고운 고춧가루 1작은술 더덕에 버무리기 → 파, 마늘 다지기 → 버무리기(설탕·식초 1작은술씩, 소금 $\frac{1}{2}$작은술·다진파·다진마늘·깨소금 약간씩) → 담기(부풀려서/전량 제출)

만드는 법

1. 더덕은 깨끗하게 씻어서 돌려가며 껍질을 벗긴 후 5cm 길이로 자른다.
2. 옅은 소금물에 담가 쓴맛을 뺀 다음 씻어 수분 제거 후 자근자근 두드려 말랑해지면 칼집을 넣어 가른 후 껍질이 위로 오게하여 자근자근 두드려 편편하게 만든 다음 가늘게 찢는다.
3. ②의 더덕에 고운 고춧가루 1작은술(조금씩 넣어가며 색을 맞춘다)을 넣고 젓가락으로 살짝 버무려 붉은색으로 물들여 놓는다.
4. 파, 마늘은 곱게 다진다.
5. 내기 직전에 소금 $\frac{1}{2}$작은술, 식초 1작은술, 설탕 1작은술, 깨소금·다진마늘·다진파를 약간씩 넣어 고춧가루 물을 들인 더덕에 넣고 젓가락으로 가볍게 버무려 보슬보슬하게 담아낸다.(전량 제출)

시험장에서의 유의사항

- 더덕 부스러지지 않게 두드리기
- 더덕 쓴맛 제거하기
- 깨끗하고 곱게 무치기에 유의

25. 육회

요구 사항

주어진 재료를 사용하여 다음과 같이 육회를 만드시오.

가. 소고기는 0.3cmx0.3cmx6cm로 썰어 소금 양념으로 하시오.

나. 마늘은 편으로 썰어 장식하고 잣가루를 고명으로 얹으시오.

다. 소고기는 손질하여 전량 사용하시오

수험자 유의 사항

1) 만드는 순서에 유의하며, 위생과 숙련된 기능평가를 위하여 조리작업 시 맛을 보지 않습니다.
2) 지정된 수험자지참준비물 이외의 조리기구나 재료를 시험장내에 지참할 수 없습니다.
3) 지급재료는 시험 전 확인하여 이상이 있을 경우 시험위원으로부터 조치를 받고 시험 중에는 재료의 교환 및 추가지급은 하지 않습니다.
4) 요구사항의 규격은 "정도"의 의미를 포함하며, 지급된 재료의 크기에 따라 가감하여 채점합니다.
5) 위생복, 위생모, 앞치마를 착용하여야 하며, 시험장비·조리도구 취급 등 안전에 유의합니다.
6) 다음 사항에 대해서는 **채점대상에서 제외하니** 특히 유의하시기 바랍니다.
   가) 기권 - 수험자 본인이 시험 도중 시험에 대한 포기 의사를 표현하는 경우
   나) 실격 - (1) 가스레인지 화구 2개 이상(2개 포함) 사용한 경우
   (2) 불을 사용하여 만든 조리작품이 작품특성에 벗어나는 정도로 타거나 익지 않은 경우
   (3) 위생복, 위생모, 앞치마를 착용하지 않은 경우
   (4) 시험 중 시설·장비(칼, 가스레인지 등) 사용 시 시험위원 및 타수험자의시험 진행에 위해를 일으킬 것으로 시험위원 전원이 합의하여 판단한 경우
   다) 미완성 - (1) 시험시간 내에 과제 두 가지를 제출하지 못한 경우
   (2) 문제의 요구사항대로 과제의 수량이 만들어지지 않은 경우
   라) 오작 - (1) 구이를 조림 등으로 조리하여 완성품을 요구사항과 다르게 만든 경우
   (2) 해당과제의 지급재료 이외의 재료를 사용하거나 석쇠 등 요구사항의 조리도구를 사용하지 않은 경우
   마) 요구사항에 표시된 실격, 미완성, 오작에 해당하는 경우
7) 항목별 배점은 위생상태 및 안전관리 5점, 조리기술 30점, 작품의 평가 15점입니다.
8) 시험시작 전 가벼운 몸 풀기(스트레칭) 동작으로 긴장을 풀고 시험을 시작합니다.

재료 목록

소고기(살코기)	90g
배(중·100g 정도 지급)	1/4개
잣(깐 것)	5개
소금(정제염)	5g
마늘(중·깐 것)	3쪽
대파(흰부분-4cm 정도)	2토막
검은후춧가루	2g
참기름	10mL
흰설탕	30g
깨소금	5g

합격 포인트

1. 육회에 적합한 부위는 기름기 없는 우둔, 대접, 홍두깨살 등이다.
2. 배를 설탕물에 담글 때 설탕의 양이 많으면 배가 절여지므로 설탕은 조금만 넣는다.
3. 배는 수분 제거를 확실히 해야 고기의 양념 국물이 섞이는 것을 방지한다.
4. 마늘은 편 썰기 하여 한 방향으로 세워 돌려준다(고기 높이의 $\frac{1}{2}$ 정도)
5. 고기는 썰어 핏물 제거를 하고 설탕으로 먼저 버무려 준다.(연육작용 및 표면에 막이 형성되어 핏물 빠지는 것을 막아준다)

시험장 조리 작업 순서

재료확인 → 재료분리 → 마늘 편 썰기, 파, 마늘 다지기 → 소고기 핏물 제거후 채썰어 양념(설탕 $\frac{1}{2}$큰술, 소금 $\frac{1}{2}$작은술, 참기름 2작은술, 다진파·다진마늘·후춧가루 약간씩)하기 → 배 채썰어(0.3㎝×0.3㎝) 설탕물에 담그기 → 잣 고깔제거 곱게 다지기 → 배 수분제거하기 → 담기(배-육회-마늘편-잣가루)

만드는 법

1. 마늘의 일부는 편으로 얇게 썰고 나머지는 곱게 다진다.
   파는 곱게 다진다.
2. 소고기는 핏물 제거 후 결방향으로 폭·두께는 0.3㎝로 채 썰어 설탕 $\frac{1}{2}$큰술을 넣어 버무린 후 소금 $\frac{1}{2}$작은술, 참기름 1작은술, 다진파·다진마늘·후춧가루를 약간씩 넣어 젓가락으로 버무리고 내기직전에 참기름 1작은술을 더 넣어 버무려 담아낸다.
3. 배는 껍질을 벗겨 폭·두께는 0.3㎝로 채 썰어 연한 설탕물에 담갔다가 건져서 면보에 물기를 제거한다.
4. 잣은 고깔을 제거한 후 종이 위에 놓고 칼날로 곱게 다져 기름기를 제거한 후 보슬보슬하게 잣가루를 만든다.
5. 접시에 채 썬 배를 돌려 담고 중앙에 양념한 고기(전량 제출)를 얹고 마늘 편은 한 방향으로 고기 옆면으로 돌려 세운 다음 중앙에 잣가루를 얹어 낸다.

시험장에서의 유의사항

- 소고기 채·배채 썰기 유의
- 소고기의 변색에 유의

시험 시간 35분

26. 미나리 강회

요구 사항

주어진 재료를 사용하여 다음과 같이 미나리강회를 만드시오.

가. 강회의 폭은 1.5cm, 길이는 5cm정도로 하시오.

나. 붉은 고추의 폭은 0.5cm, 길이는 4cm 정도로 하시오.

다. 강회는 8개 만들어 초고추장과 함께 제출하시오.

수험자 유의 사항

1) 만드는 순서에 유의하며, 위생과 숙련된 기능평가를 위하여 조리작업 시 맛을 보지 않습니다.
2) 지정된 수험자지참준비물 이외의 조리기구나 재료를 시험장내에 지참할 수 없습니다.
3) 지급재료는 시험 전 확인하여 이상이 있을 경우 시험위원으로부터 조치를 받고 시험 중에는 재료의 교환 및 추가지급은 하지 않습니다.
4) 요구사항의 규격은 "정도"의 의미를 포함하며, 지급된 재료의 크기에 따라 가감하여 채점합니다.
5) 위생복, 위생모, 앞치마를 착용하여야 하며, 시험장비·조리도구 취급 등 안전에 유의합니다.
6) 다음 사항에 대해서는 **채점대상에서 제외하니** 특히 유의하시기 바랍니다.
   가) 기권 - 수험자 본인이 시험 도중 시험에 대한 포기 의사를 표현하는 경우
   나) 실격 - (1) 가스레인지 화구 2개 이상(2개 포함) 사용한 경우
   (2) 불을 사용하여 만든 조리작품이 작품특성에 벗어나는 정도로 타거나 익지 않은 경우
   (3) 위생복, 위생모, 앞치마를 착용하지 않은 경우
   (4) 시험 중 시설·장비(칼, 가스레인지 등) 사용 시 시험위원 및 타수험자의시험 진행에 위해를 일으킬 것으로 시험위원 전원이 합의하여 판단한 경우
   다) 미완성 - (1) 시험시간 내에 과제 두 가지를 제출하지 못한 경우
   (2) 문제의 요구사항대로 과제의 수량이 만들어지지 않은 경우
   라) 오작 - (1) 구이를 조림 등으로 조리하여 완성품을 요구사항과 다르게 만든 경우
   (2) 해당과제의 지급재료 이외의 재료를 사용하거나 석쇠 등 요구사항의 조리도구를 사용하지 않은 경우
   마) 요구사항에 표시된 실격, 미완성, 오작에 해당하는 경우
7) 항목별 배점은 위생상태 및 안전관리 5점, 조리기술 30점, 작품의 평가 15점입니다.
8) 시험시작 전 가벼운 몸 풀기(스트레칭) 동작으로 긴장을 풀고 시험을 시작합니다.

재료 목록

소고기(살코기-길이 7cm)	80g
미나리(줄기 부분)	30g
홍고추(생)	1개
달걀	2개
고추장	15g
식초	5mL
흰설탕	5g
소금(정제염)	5g
식용유	10mL

합격 포인트

1. 미나리가 너무 두꺼우면 데친 후 길이로 찢어서 사용한다.
2. 미나리 데친 물에 편육을 삶는다.
3. 편육을 삶아낸 후 뜨거울 때 거즈에 싸서 모양을 잡아준 뒤 식혀서 썰면 매끄럽게 썰어진다.
4. 미나리로 전체 길이의 $\frac{1}{3}$ 정도로 두께를 일정하게 겹쳐지지 않게 감아준다.
5. 편육, 황·백 지단의 길이와 두께가 같아야 한다.
6. 홍고추의 안쪽 살이 두꺼울 때는 저며 주고 수분 제거를 꼭 해준다.(지단에 붉게 물이들므로)
7. 미나리로 감을 때 시작과 끝 부분은 편육 뒷쪽에서 하며 꼬치로 끝을 마무리하여 준다.

시험장 조리 작업 순서

재료확인 → 재료분리 → 씻기 → 물 올리기 → 미나리 데치기 → 편육 삶기 → 홍고추(0.5㎝×4㎝ 길이) 썰기 → 황·백 지단 부쳐 썰기(0.3㎝×1.5㎝×5㎝) → 편육 썰기(0.3㎝×1.5㎝×5㎝) → 초고추장 만들기(고추장·식초 1큰술씩, 물·설탕 $\frac{1}{2}$큰술씩) → 만들기(소고기-백지단-황지단-홍고추-미나리 감기) → 담기(8개, 초고추장 곁들여내기)

만드는 법

1. 미나리는 잎을 다듬어 줄기 부분만 끓는 물에 소금물을 넣고 데쳐서 찬물에 헹구어 수분을 제거한 다음 굵은 것은 길이로 2등분~4등분으로 잘라놓는다.(8줄기 이상)

2. 소고기는 끓는 물에 덩어리째 삶아 식힌 다음 길이 5㎝, 폭 1.5㎝, 두께 0.3㎝로 썬다.

3. 달걀은 황, 백으로 나누어 소금을 약간 넣고 풀어 알끈 제거후 0.3㎝ 두께로 지단을 부쳐 길이 5㎝, 폭 1.5㎝로 썬다.

4. 홍고추는 반으로 갈라 씨를 빼고 안쪽에 포를 뜬 후 길이 4㎝, 폭 0.5㎝ 크기로 썬다.

5. **초고추장**을 만든다.(고추장 1큰술, 식초 1큰술, 설탕 $\frac{1}{2}$큰술, 물 $\frac{1}{2}$큰술)

6. 고기편육 → 백지단 → 황지단 → 홍고추를 차례로 놓은 다음 미나리로 가운데를 돌려 감고 미나리의 끝부분은 뒤쪽에서 요지를 이용하여 풀어지지 않도록 속으로 넣어 마무리한 후 가지런히 담아(8개), 초고추장을 곁들여 낸다.

| 미나리 강회 만드는 법

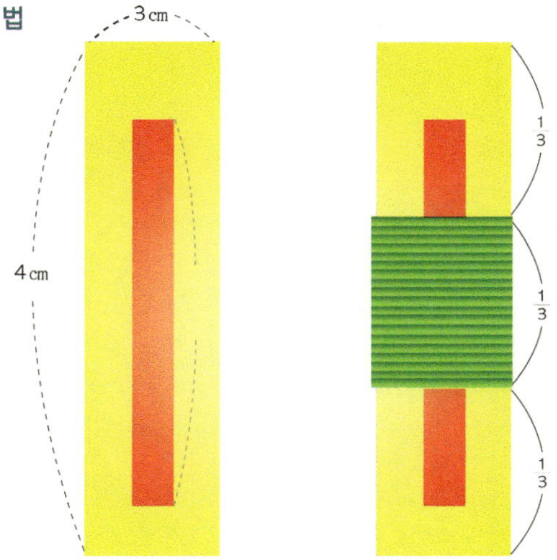

시험장에서의 유의사항

- 크기를 일정하게 만들기
- 색깔 조화있게 만들기에 유의

27. 탕평채

요구 사항

주어진 재료를 사용하여 다음과 같이 탕평채를 만드시오.

가. 청포묵은 0.4cmx0.4cmx6cm로 썰어 데쳐서 사용하시오.

나. 모든 부재료의 길이는 4~5cm로 써시오.

다. 소고기, 미나리, 거두절미한 숙주는 각각 조리하여 청포묵과 함께 초간장으로 무쳐 담아내시오.

라. 황 백지단은 4cm 길이로 채썰고, 김은 구워 부셔서 고명으로 얹으시오.

수험자 유의 사항

1) 만드는 순서에 유의하며, 위생과 숙련된 기능평가를 위하여 조리작업 시 맛을 보지 않습니다.
2) 지정된 수험자지참준비물 이외의 조리기구나 재료를 시험장내에 지참할 수 없습니다.
3) 지급재료는 시험 전 확인하여 이상이 있을 경우 시험위원으로부터 조치를 받고 시험 중에는 재료의 교환 및 추가지급은 하지 않습니다.
4) 요구사항의 규격은 "정도"의 의미를 포함하며, 지급된 재료의 크기에 따라 가감하여 채점합니다.
5) 위생복, 위생모, 앞치마를 착용하여야 하며, 시험장비·조리도구 취급 등 안전에 유의합니다.
6) 다음 사항에 대해서는 **채점대상에서 제외하니** 특히 유의하시기 바랍니다.
   가) 기권 - 수험자 본인이 시험 도중 시험에 대한 포기 의사를 표현하는 경우
   나) 실격 - (1) 가스레인지 화구 2개 이상(2개 포함) 사용한 경우
   (2) 불을 사용하여 만든 조리작품이 작품특성에 벗어나는 정도로 타거나 익지 않은 경우
   (3) 위생복, 위생모, 앞치마를 착용하지 않은 경우
   (4) 시험 중 시설·장비(칼, 가스레인지 등) 사용 시 시험위원 및 타수험자의시험 진행에 위해를 일으킬 것으로 시험위원 전원이 합의하여 판단한 경우
   다) 미완성 - (1) 시험시간 내에 과제 두 가지를 제출하지 못한 경우
   (2) 문제의 요구사항대로 과제의 수량이 만들어지지 않은 경우
   라) 오작 - (1) 구이를 조림 등으로 조리하여 완성품을 요구사항과 다르게 만든 경우
   (2) 해당과제의 지급재료 이외의 재료를 사용하거나 석쇠 등 요구사항의 조리도구를 사용하지 않은 경우
   마) 요구사항에 표시된 실격, 미완성, 오작에 해당하는 경우
7) 항목별 배점은 위생상태 및 안전관리 5점, 조리기술 30점, 작품의 평가 15점입니다.
8) 시험시작 전 가벼운 몸 풀기(스트레칭) 동작으로 긴장을 풀고 시험을 시작합니다.

재료 목록

청포묵(중·길이 6cm)	150g
소고기(살코기)	20g
숙주(생 것)	20g
미나리(줄기 부분)	10g
달걀	1개
김	1/4장
진간장	20mL
마늘(중·깐 것)	2쪽
대파(흰부분-4cm 정도)	1토막
검은후춧가루	1g
참기름	5mL
흰설탕	5g
깨소금	5g
식초	5mL
소금(정제염)	5g
식용유	10mL

합격 포인트

1. 청포묵을 썰 때 칼날에 물기가 있으면 붙지 않고 썰기가 쉽다.
2. 청포묵, 미나리, 숙주를 소금, 참기름으로 밑양념하면 초간장으로 무칠 때 물기가 덜 생기고 간도 잘 맞으면서 색이 짙어지지 않는다.
3. 미나리는 미리 무치면 색이 변하므로 내기 직전에 무쳐 담는다.
4. 청포묵이 굳은 것이 나오면 끓는 물에 데쳐 사용하면 부드러워진다.
5. 끓는 소금물에 청포묵-미나리-숙주 순으로 데쳐낸다.
6. 탕평채를 그릇에 담았을때 초간장이 접시바닥에 약간 보일듯하게 담아낸다.

시험장 조리 작업 순서

재료확인 → 재료분리 → 씻기 → 물 올리기 → 파. 마늘 다지기 → 소고기 채썰어(0.3㎝×0.3㎝×5㎝ 길이) 불고기 양념(간장 $\frac{1}{2}$작은술, 참기름 $\frac{1}{4}$작은술, 다진파, 다진마늘, 참기름, 깨소금, 후춧가루 약간씩) 하기 → 황백지단 부치기 → 김 구워 부셔 사용하기→ 썰기(미나리:5㎝ 길이-청포묵:0.4㎝×0.4㎝×6㎝-지단:0.2㎝×4㎝-숙주 5㎝ 길이) → 데치기(청포묵-미나리-숙주) → 소고기볶기 → 버무리기(청포묵, 소고기, 숙주, 미나리, 초간장:간장 1큰술, 설탕·식초 $\frac{1}{2}$큰술씩) → 담기(고명얹기-김 부셔서, 황·백지단)

만드는 법

1. 파, 마늘은 곱게 다진다.
2. 소고기는 핏물제거 후 길이 5㎝, 폭·두께는 0.3㎝ 결대로 채 썰어 **불고기 양념**하여 볶는다.(간장 $\frac{1}{2}$ 작은술, 설탕 $\frac{1}{4}$작은술, 다진파, 다진마늘, 참기름, 깨소금, 후춧가루 약간씩)
3. **달걀**은 황·백으로 나누어 소금을 약간 넣고 알끈을 제거하고 지단을 부쳐 길이 4㎝, 폭0.2㎝로 채 썬다.
   김은 구워 부셔서 사용한다.
4. **청포묵**은 길이 6㎝, 폭·두께는 0.4㎝로 자른 후 끓는 소금물에 투명해 질 때까지 데쳐(찬물에 헹구지 않는다) 참기름으로 가볍게 버무린다.
   미나리는 다듬어 5㎝ 길이로 자른 다음 끓는 소금물에 데쳐 찬물에 헹군다음 수분을 제거 한다.
   숙주는 거두절미하여 끓는 소금물에 데쳐 찬물에 헹군다음 수분을 제거하고 참기름으로 가볍게 버무린다.
5. **초간장**을 만든다.(간장 1큰술, 설탕 $\frac{1}{2}$큰술, 식초 $\frac{1}{2}$큰술)
6. 청포묵, 소고기, 숙주, 미나리를 합하여 초간장으로 무친 다음 그릇에 담고 김, 황·백 지단을 고명으로 얹어 낸다.(내기 직전에 버무려 낸다)

시험장에서의 유의사항

- 청포묵의 굵기와 길이
- 숙주거두절미, 미나리 다듬어 데치기

시험 시간
35분

28. 잡채

요구 사항

주어진 재료를 사용하여 다음과 같이 잡채를 만드시오.

가. 소고기, 양파, 오이, 당근, 도라지, 표고버섯은 0.3cmx0.3cmx6cm정도로 썰어 사용하시오.

나. 숙주는 데치고 목이버섯은 찢어서 사용하시오.

다. 당면은 삶아서 유장처리하여 볶으시오.

라. 황 백지단은 0.2cmx0.2cmx4cm로 썰어 고명으로 얹으시오.

수험자 유의 사항

1) 만드는 순서에 유의하며, 위생과 숙련된 기능평가를 위하여 조리작업 시 맛을 보지 않습니다.
2) 지정된 수험자지참준비물 이외의 조리기구나 재료를 시험장내에 지참할 수 없습니다.
3) 지급재료는 시험 전 확인하여 이상이 있을 경우 시험위원으로부터 조치를 받고 시험 중에는 재료의 교환 및 추가지급은 하지 않습니다.
4) 요구사항의 규격은 "정도"의 의미를 포함하며, 지급된 재료의 크기에 따라 가감하여 채점합니다.
5) 위생복, 위생모, 앞치마를 착용하여야 하며, 시험장비·조리도구 취급 등 안전에 유의합니다.
6) 다음 사항에 대해서는 **채점대상에서 제외하니** 특히 유의하시기 바랍니다.
   가) 기권 - 수험자 본인이 시험 도중 시험에 대한 포기 의사를 표현하는 경우
   나) 실격 - (1) 가스레인지 화구 2개 이상(2개 포함) 사용한 경우
   (2) 불을 사용하여 만든 조리작품이 작품특성에 벗어나는 정도로 타거나 익지 않은 경우
   (3) 위생복, 위생모, 앞치마를 착용하지 않은 경우
   (4) 시험 중 시설·장비(칼, 가스레인지 등) 사용 시 시험위원 및 타수험자의시험 진행에 위해를 일으킬 것으로 시험위원 전원이 합의하여 판단한 경우
   다) 미완성 - (1) 시험시간 내에 과제 두 가지를 제출하지 못한 경우
   (2) 문제의 요구사항대로 과제의 수량이 만들어지지 않은 경우
   라) 오작 - (1) 구이를 조림 등으로 조리하여 완성품을 요구사항과 다르게 만든 경우
   (2) 해당과제의 지급재료 이외의 재료를 사용하거나 석쇠 등 요구사항의 조리도구를 사용하지 않은 경우
   마) 요구사항에 표시된 실격, 미완성, 오작에 해당하는 경우
7) 항목별 배점은 위생상태 및 안전관리 5점, 조리기술 30점, 작품의 평가 15점입니다.
8) 시험시작 전 가벼운 몸 풀기(스트레칭) 동작으로 긴장을 풀고 시험을 시작합니다.

재료 목록

당면	20g
소고기(살코기-길이 7cm)	30g
건표고버섯(지름 5cm 정도 물에 불린 것, 부서지지 않은 것)	1개
건목이버섯(지름 5cm 정도-물에 불린 것)	2개
양파(중·150g정도)	1/3개
오이(가늘고 곧은 것-20cm정도)	1/3개
당근(길이 7cm 정도-곧은것)	50g
통도라지 (껍질 있는 것-길이 20cm 정도)	1개
숙주(생 것)	20g
흰설탕	10g
대파(흰부분-4cm 정도)	1토막
마늘(중·깐 것)	2쪽
진간장	20mL
식용유	50mL
깨소금	5g
검은후춧가루	1g
참기름	5mL
소금(정제염)	15g
달걀	1개

합격 포인트

1. 재료를 팬에서 볶을 때는 깨끗한 것부터 순서 있게 볶아 식힌 후 다른 재료와 함께 섞어야 깔끔하다.
2. 당면은 끓는 물에 들어가면 투명해져서 익은 것처럼 보이므로 충분히 삶아 익은 것을 확인한 후 건져 씻은 다음 수분을 제거하고 바로 볶아 식힌다.
3. 채소의 비율 (오이3 : 당근1 : 양파1 : 도라지1 : 숙주1 : 목이버섯1 : 표고버섯1 : 소고기1)
   초록색③ : 붉은색① : 양파 흰색 ③숙주 : 목이버섯 검은색③ 소고기 동량을 넣어 준다.
4. 완성된 잡채는 젓가락으로 돌려 볼륨감 있게 담아낸다.
5. 황·백지단은 길이를 약간 길게 채를 썬 후 고명을 올릴때 양끝을 맞추어 자른 후 가지런히 올린다.

시험장 조리 작업 순서

재료확인 → 재료분리 → 씻기 → 물 올리기 → 목이버섯 불리기 → 숙주(숙주 거두절미) 데친 후 소금, 참기름 양념 → 당면 삶아 헹구어 양념(식용유, 설탕 $\frac{1}{4}$큰술씩, 간장 $\frac{1}{2}$큰술, 참기름 $\frac{1}{2}$작은술)하여 볶아 식히기 → 고기 채썰어 양념하기(0.2㎝×0.2㎝×7㎝-간장 1작은술, 설탕 $\frac{1}{2}$작은술, 다진파, 다진마늘, 깨소금, 참기름, 후춧가루 약간씩) → 황·백지단 부쳐썰기:0.2㎝×0.2㎝×4㎝ → 채소썰기(오이, 도라지 : 0.3㎝×0.3㎝×6㎝ 소금에 절이기-당근 : 0.3㎝×0.3㎝×6㎝ -양파 : 0.3㎝×6㎝-표고버섯 : 0.3㎝×0.3㎝-목이버섯 : 작게 찢어서, 간장·설탕·참기름 약간씩 양념) → 볶기(오이-양파(소금간)-도라지-당근-(소금간)-목이버섯-표고버섯-소고기) → 버무리기(볶은 당면-채소-소고기-버섯-설탕·후춧가루·참기름 약간씩) → 담기(고명-황·백지단채)

만드는 법

1. 파, 마늘은 곱게 다진다.
2. **숙주**는 거두절미하여 끓는 물에 데쳐서 찬물에 헹군다음 수분을 제거하고 소금, 참기름을 약간씩 넣고 밑간한다.
   당면은 끓는 물에 넣어 뚜껑을 덮고 삶은 다음 찬물에 헹구어 수분 제거 후 팬을 달군 뒤 식용유 $\frac{1}{4}$큰술을 넣고 당면을 볶다가 간장 $\frac{1}{2}$큰술, 설탕 $\frac{1}{4}$큰술, 참기름 $\frac{1}{2}$작은술을 넣어 수분이 없어질 때까지 볶아 펼쳐 식힌다.
3. 달걀은 황·백으로 나누어 소금 약간 넣고 풀어 알끈제거 후 0.2㎝두께로 지단을 부쳐 길이 4㎝, 폭 0.2㎝로 채 썬다.
4. 오이는 6㎝ 길이로 잘라 0.3㎝ 두께로 돌려 깎기 하여 0.3㎝ 폭으로 채 썰어 소금에 살짝 절여 물에 헹군 후 팬에 볶는다.
5. **양파**는 길이 6㎝, 폭 0.3㎝로 채 썬 다음 볶을때 소금간 한다.
   당근을 6㎝ 길이로 자른 후 두께·폭은 0.3㎝로 채썬 다음 볶을때 소금간을 한다.
6. 도라지는 껍질을 벗긴 후 6㎝ 길이로 잘라 두께·폭은 0.3㎝로 채를 썬 다음 소금에 절여 바락바락 주물러 찬물에 헹군 후 수분 제거하여 팬에 볶는다.
7. 불린 **표고버섯**은 기둥을 떼어내고 씻어 수분을 제거하고 두께·폭은 0.3㎝로 채 썰고, **목이버섯**은 불린 다음 씻어서 수분 제거 후 작게 찢은 후 간장·설탕·참기름을 약간씩 넣어 양념하여 팬에 볶는다.
8. 소고기는 핏물제거 후 길이 7㎝, 폭과 두께는 0.2㎝ 결대로 채썰어 **불고기 양념**하여 볶는다.(간장 1 작은술, 설탕 $\frac{1}{2}$ 작은술, 다진파, 다진마늘, 참기름, 깨소금, 후춧가루 약간씩)
9. 팬에 볶는 순서(달걀지단–오이–양파–도라지–당근–목이버섯–표고버섯–소고기)
10. 볶아놓은 재료와 당면을 한데 합하여 설탕·후춧가루·참기름을 약간씩 넣고 버무려 간을 맞춘 후 접시에 담고 황·백지단을 가지런히 고명으로 얹어낸다.

시험장에서의 유의사항

- 당면 알맞게 삶기
- 재료의 굵기와 길이
- 재료의 양과 색깔 배합

시험 시간 40분

29. 칠절판

요구 사항

주어진 재료를 사용하여 다음과 같이 칠절판을 만드시오.

가. 밀전병은 직경 8cm 되도록 6개를 만드시오.

나. 채소와 황 백지단, 소고기는 0.2cmx 0.2cm x5cm 정도로 써시오.

다. 석이버섯은 곱게 채를 써시오.

수험자 유의 사항

1) 만드는 순서에 유의하며, 위생과 숙련된 기능평가를 위하여 조리작업 시 맛을 보지 않습니다.
2) 지정된 수험자지참준비물 이외의 조리기구나 재료를 시험장내에 지참할 수 없습니다.
3) 지급재료는 시험 전 확인하여 이상이 있을 경우 시험위원으로부터 조치를 받고 시험 중에는 재료의 교환 및 추가지급은 하지 않습니다.
4) 요구사항의 규격은 "정도"의 의미를 포함하며, 지급된 재료의 크기에 따라 가감하여 채점합니다.
5) 위생복, 위생모, 앞치마를 착용하여야 하며, 시험장비·조리도구 취급 등 안전에 유의합니다.
6) 다음 사항에 대해서는 **채점대상에서 제외하니** 특히 유의하시기 바랍니다.
   가) 기권 - 수험자 본인이 시험 도중 시험에 대한 포기 의사를 표현하는 경우
   나) 실격 - (1) 가스레인지 화구 2개 이상(2개 포함) 사용한 경우
   (2) 불을 사용하여 만든 조리작품이 작품특성에 벗어나는 정도로 타거나 익지 않은 경우
   (3) 위생복, 위생모, 앞치마를 착용하지 않은 경우
   (4) 시험 중 시설·장비(칼, 가스레인지 등) 사용 시 시험위원 및 타수험자의시험 진행에 위해를 일으킬 것으로 시험위원 전원이 합의하여 판단한 경우
   다) 미완성 - (1) 시험시간 내에 과제 두 가지를 제출하지 못한 경우
   (2) 문제의 요구사항대로 과제의 수량이 만들어지지 않은 경우
   라) 오작 - (1) 구이를 조림 등으로 조리하여 완성품을 요구사항과 다르게 만든 경우
   (2) 해당과제의 지급재료 이외의 재료를 사용하거나 석쇠 등 요구사항의 조리도구를 사용하지 않은 경우
   마) 요구사항에 표시된 실격, 미완성, 오작에 해당하는 경우
7) 항목별 배점은 위생상태 및 안전관리 5점, 조리기술 30점, 작품의 평가 15점입니다.
8) 시험시작 전 가벼운 몸 풀기(스트레칭) 동작으로 긴장을 풀고 시험을 시작합니다.

재료 목록

소고기(살코기)	50g
오이(가늘고 곧은 것-20cm 정도)	1/2개
당근(곧은 것-길이 7cm 정도)	50g
달걀	1개
석이버섯(부서지지 않은 것-마른 것)	5g
밀가루(중력분)	50g
진간장	20mL
마늘(중·깐 것)	2쪽
대파(흰부분-4cm 정도)	1토막
검은후춧가루	1g
참기름	10mL
흰설탕	10g
깨소금	5g
식용유	30mL
소금(정제염)	10g

합격 포인트

1. 팬에 볶는 순서 : 석이버섯 → 밀전병 → 황·백지단 → 오이 → 당근 → 소고기
2. 밀전병은 밀가루에 물을 넣어 멍울이 없이 잘 풀어 다시 한 번 체에 내려 주면 깔끔하게 된다(미리 만들어둔다).
3. 밀전병은 약한 불에서 기름을 적게 사용해야 매끄럽게 부쳐지고, 한 장씩 따로따로 식은 후에 담아야 서로 달라 붙지 않으며 꼬치로 뒤집어 준다.
4. 석이버섯은 채썰어 양념을 적게하고 마른 팬에 볶아야 한다.
5. 각 재료의 양이 같아야 하며 보글보글 담아낸다.
6. 달걀 노른자는 길이를 자른 다음 말아서 썰면 보글보글하게 담아내기 쉽다.

시험장 조리 작업 순서

재료확인 → 재료분리 → 씻기 → 석이버섯 불리기 → 파, 마늘 다지기 → 소고기 채썰어 양념(간장 $\frac{1}{2}$큰술, 설탕 1작은술, 다진파·다진마늘·참기름·깨소금 약간씩)하기 → 밀전병 반죽하기(밀가루 5큰술, 물 6큰술, 소금 $\frac{1}{2}$작은술) → 석이버섯 곱게 채 썰어 소금·참기름 약간씩 양념하기 → 오이 돌려깎기하여 채썰어(0.2㎝×0.2㎝×5㎝)소금에 절이기 → 당근 0.2㎝×0.2㎝×5㎝ 채썰기 → 팬에 순서대로 볶는다(석이버섯-밀전병-황·백지단 0.2㎝×0.2㎝×5㎝ 채썰기-오이-당근(소금간)-소고기 → 담기(접시중앙 밀전병 6개, 보글보글, 동량씩)

만드는 법

1. 파, 마늘은 곱게 다진다.
2. 소고기는 핏물 제거 후 결대로 폭·두께는 0.2㎝로 가늘게 채 썰어 불고기 양념하여 볶는다.(간장 $\frac{1}{2}$큰술, 설탕 1 작은술, 다진파·다진마늘·참기름·깨소금·후춧가루 약간씩)
3. 석이버섯은 물에 불려 비벼서 씻고 돌돌 말아 곱게 채 썬 다음 소금·참기름을 약간씩 양념하여 마른 팬에 볶는다.
4. 밀가루 5큰술에 물 6큰술, 소금 $\frac{1}{2}$작은술을 넣고 멍울 없이 잘 풀어 기름을 약간 두른 팬에 $\frac{1}{2}$큰술씩 떠서 지름 8㎝로 둥글게 밀전병을 부친다.(6개)
5. 달걀은 황·백으로 나누어 소금을 넣고 지단을 0.2㎝ 두께로 부쳐 길이 5㎝, 폭 0.2㎝로 채 썬다.
6. 오이는 소금으로 비벼 씻고 5㎝ 길이로 잘라 0.2㎝ 두께로 돌려 깎기하여 0.2㎝ 폭으로 채 썰어 소금에 살짝 절여 찬물에 헹군 후 수분을 제거하여 볶는다.
7. 당근은 길이 5㎝, 폭·두께는 0.2㎝로 채 썰어 소금 간하여 볶는다.
8. 접시 중앙에 밀전병을 담고 재료는 색이 어우러지게 보글보글하게 같은양으로 담아낸다.

| 칠절판 동량으로 담는 법

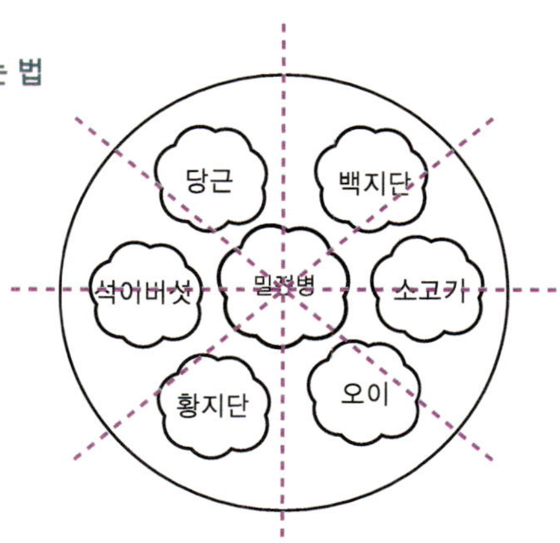

시험장에서의 유의사항

- 밀전병 반죽상태
- 완성된 채소 색깔에 유의

시험 시간
30분

30. 오징어볶음

요구 사항

주어진 재료를 사용하여 다음과 같이 오징어 볶음을 만드시오.

가. 오징어는 0.3cm 폭으로 어슷하게 칼집을 넣고, 크기는 4cm×1.5cm 정도로 써시오.
(단, 오징어 다리는 4cm 길이로 자른다.)

나. 고추, 파는 어슷썰기, 양파는 폭 1cm로 써시오.

수험자 유의 사항

1) 만드는 순서에 유의하며, 위생과 숙련된 기능평가를 위하여 조리작업 시 맛을 보지 않습니다.
2) 지정된 수험자지참준비물 이외의 조리기구나 재료를 시험장내에 지참할 수 없습니다.
3) 지급재료는 시험 전 확인하여 이상이 있을 경우 시험위원으로부터 조치를 받고 시험 중에는 재료의 교환 및 추가지급은 하지 않습니다.
4) 요구사항의 규격은 "정도"의 의미를 포함하며, 지급된 재료의 크기에 따라 가감하여 채점합니다.
5) 위생복, 위생모, 앞치마를 착용하여야 하며, 시험장비·조리도구 취급 등 안전에 유의합니다.
6) 다음 사항에 대해서는 **채점대상에서 제외하니** 특히 유의하시기 바랍니다.
   가) 기권 - 수험자 본인이 시험 도중 시험에 대한 포기 의사를 표현하는 경우
   나) 실격 - (1) 가스레인지 화구 2개 이상(2개 포함) 사용한 경우
   (2) 불을 사용하여 만든 조리작품이 작품특성에 벗어나는 정도로 타거나 익지 않은 경우
   (3) 위생복, 위생모, 앞치마를 착용하지 않은 경우
   (4) 시험 중 시설·장비(칼, 가스레인지 등) 사용 시 시험위원 및 타수험자의시험 진행에 위해를 일으킬 것으로 시험위원 전원이 합의하여 판단한 경우
   다) 미완성 - (1) 시험시간 내에 과제 두 가지를 제출하지 못한 경우
   (2) 문제의 요구사항대로 과제의 수량이 만들어지지 않은 경우
   라) 오작 - (1) 구이를 조림 등으로 조리하여 완성품을 요구사항과 다르게 만든 경우
   (2) 해당과제의 지급재료 이외의 재료를 사용하거나 석쇠 등 요구사항의 조리도구를 사용하지 않은 경우
   마) 요구사항에 표시된 실격, 미완성, 오작에 해당하는 경우
7) 항목별 배점은 위생상태 및 안전관리 5점, 조리기술 30점, 작품의 평가 15점입니다.
8) 시험시작 전 가벼운 몸 풀기(스트레칭) 동작으로 긴장을 풀고 시험을 시작합니다.

재료 목록

물오징어(250g정도)	1마리
소금(정제염)	5g
진간장	10mL
흰설탕	20g
참기름	10mL
깨소금	5g
풋고추(길이 5cm 이상)	1개
홍고추(생)	1개
양파(중·150g정도)	1/3개
마늘(중·깐 것)	2쪽
대파(흰부분-4cm 정도)	1토막
생강	5g
고춧가루	15g
고추장	50g
검은후춧가루	2g
식용유	30mL

합격 포인트

1. 오징어 몸통 안쪽에 가로, 세로 사선으로 간격과 깊이가 일정하게 0.3㎝ 정도의 칼집을 넣고 가로로 잘라야 말리지 않는다.(오징어 찢어 먹는 길이로 자른다. 칼집깊이가 깊게 들어가면 익으면서 뒤틀린다)
2. 센 불에서 단시간 내에 빨리 볶아야 물이 생기지 않는다.(양념장을 넣고 불에서 내려 버무린 다음 불을 낮춰 짧은 시간에 볶아야 양념장이 타지 않는다)
3. 기름은 약간만 넣는다.(많이 넣고 볶으면 양념장과 기름이 분리되 고추기름처럼 접시 바닥에 흐른다)
4. 오징어 다리는 빨판에 엄지손톱을 밀착시킨 후 잡아당기면 껍질이 잘 벗겨지고 몸통은 수분제거 후 머리에서 아래로 잡아당기면서 껍질을 벗긴다.
5. 시험장에서 미리 볶아 놓으면 물이 생기므로 시간에 맞춰 조리한다.

시험장 조리 작업 순서

재료확인 → 재료분리 → 씻기 → 오징어 내장, 껍질 제거 → 오징어 칼집 넣어 자르기(몸통 0.3㎝×1.5㎝×1.5㎝ 다리 5㎝) → 마늘, 생강, 파 다지기 → 채소 썰기(풋·홍고추, 대파:0.5㎝×3㎝ 통어슷썰기-양파 1㎝×3㎝) → 양념장 만들기(고추장 1큰술, 고춧가루·설탕 1작은술씩, 다진파·다진마늘·다진생강·간장·깨소금·후춧가루·참기름 약간씩) → 볶기(양파-오징어-고추장 양념장- 풋·홍고 추-대파-참기름) → 담기

만드는 법

1. 오징어는 먹물이 터지지 않도록 내장을 제거하고 깨끗이 씻어 수분제거하여 머리에서 아래쪽으로 껍질을 벗긴다.
몸통 안쪽에 0.3㎝ 간격으로 가로, 세로 방향으로 칼집을 넣은 후 5㎝ 길이, 1.5㎝ 폭으로 썬다.
다리는 5.5㎝ 길이로 썬다.

2. **풋고추**, 홍고추 3㎝×0.5㎝ 두께로 통 어슷썰기 하여 씨를 제거한다.
대파는 3㎝×0.5㎝ 두께로 어슷썰기 하고 일부는 다진다.
양파는 3㎝ 길이, 1㎝ 폭으로 썬다.

3. 마늘, 생강은 다진다.

4. **양념장을 만든다.**(고춧가루 1작은술, 고추장 1큰술, 설탕 1작은술, 간장, 다진파·다진 마늘·다진생강·깨소금·참기름·후춧가루를 약간씩, 물: 농도 조절)

5. 뜨거운 팬에 기름을 약간만 두르고 양파를 볶다가 오징어를 넣고 익히면서 모양을 낸 후 불에서 내려 양념장을 넣어 버무리고 불에 올려 청·홍고추를 넣고 볶다가 익으면 파를 넣고 재빨리 볶은 다음 참기름을 넣어 윤기를 낸다.

6. 그릇에 담을 때 칼집 낸 쪽이 위로 보이도록 채소와 어우러지게 담아낸다.

시험장에서의 유의사항

- 먹물이 터지지 않아야 함
- 양념이 타지 않도록 불 조절
- 오징어 말리지 않게 썰기

시험 시간
25분

31. 재료썰기

요구 사항

주어진 재료를 사용하여 다음과 같이 재료 썰기를 만드시오.

가. 무, 오이, 당근, 달걀지단을 썰기 하여 전량 제출하시오.(단, 재료별 써는 방법이 틀렸을 경우 실격)

나. 무는 채썰기, 오이는 돌려깍기하여 채썰기, 당근은 골패썰기를 하시오.

다. 달걀은 흰자와 노른자를 분리하여 알끈과 거품을 제거하고 지단을 부쳐 완자(마름모꼴)모양으로 각 10개를 썰고, 나머지는 채썰기를 하시오.

라. 재료 썰기의 크기는 다음과 같이 하시오.
1) 채썰기 - 0.2cmx0.2cmx5cm
2) 골패썰기 - 0.2cmx1.5cmx5cm
3) 마름모형 썰기 한 면의 길이가 1.5cm

수험자 유의 사항

1) 만드는 순서에 유의하며, 위생과 숙련된 기능평가를 위하여 조리작업 시 맛을 보지 않습니다.
2) 지정된 수험자지참준비물 이외의 조리기구나 재료를 시험장내에 지참할 수 없습니다.
3) 지급재료는 시험 전 확인하여 이상이 있을 경우 시험위원으로부터 조치를 받고 시험 중에는 재료의 교환 및 추가지급은 하지 않습니다.
4) 요구사항의 규격은 "정도"의 의미를 포함하며, 지급된 재료의 크기에 따라 가감하여 채점합니다.
5) 위생복, 위생모, 앞치마를 착용하여야 하며, 시험장비·조리도구 취급 등 안전에 유의합니다.
6) 다음 사항에 대해서는 **채점대상에서 제외하니** 특히 유의하시기 바랍니다.
   가) 기권 - 수험자 본인이 시험 도중 시험에 대한 포기 의사를 표현하는 경우
   나) 실격 - (1) 가스레인지 화구 2개 이상(2개 포함) 사용한 경우
   (2) 불을 사용하여 만든 조리작품이 작품특성에 벗어나는 정도로 타거나 익지 않은 경우
   (3) 위생복, 위생모, 앞치마를 착용하지 않은 경우
   (4) 시험 중 시설·장비(칼, 가스레인지 등) 사용 시 시험위원 및 타수험자의시험 진행에 위해를 일으킬 것으로 시험위원 전원이 합의하여 판단한 경우
   다) 미완성 - (1) 시험시간 내에 과제 두 가지를 제출하지 못한 경우
   (2) 문제의 요구사항대로 과제의 수량이 만들어지지 않은 경우
   라) 오작 - (1) 구이를 조림 등으로 조리하여 완성품을 요구사항과 다르게 만든 경우
   (2) 해당과제의 지급재료 이외의 재료를 사용하거나 석쇠 등 요구사항의 조리도구를 사용하지 않은 경우
   마) 요구사항에 표시된 실격, 미완성, 오작에 해당하는 경우
7) 항목별 배점은 위생상태 및 안전관리 5점, 조리기술 30점, 작품의 평가 15점입니다.
8) 시험시작 전 가벼운 몸 풀기(스트레칭) 동작으로 긴장을 풀고 시험을 시작합니다.

재료 목록

무	100g
오이(길이 25cm 정도)	1/2개
당근(길이 6cm 정도)	1토막
달걀	3개
식용유	20mL
소금	10g

합격 포인트

1. 재료별 써는 방법에 주의 하기
2. 동량으로 담아내기
3. 마름모형 지단은 한 면이 각 1.5cm로 썰기

시험장 조리 작업 순서

재료확인 - 재료분리 - 씻기 - 무(0.2cm x 0.2cm x 5cm)채 썰기 , 오이 돌려깍기(0.2cm x 0.2cm x 5cm)채 썰기 - 당근(0.2cm x 1.5cm x 5cm)골패 썰기- 황, 백 지단 부치기(마름모꼴 - 한 면이 각 1.5cm로 10개씩 썰기) (0.2cm x 0.2cm x 5cm로 채 썰기) - 담기

만드는 법

1. 무는 껍질을 벗기고 5cm 길이로 자른 후 폭 0.2cm, 두께 0.2cm로 채 썬다.
2. 당근은 껍질을 벗기고 5cm 길이로 자른 후 폭 1.5cm, 두께 0.2cm로 골패썰기를 한다.
3. 오이는 5cm 길이로 자른 후 0.2cm 두께로 돌려깍기 한 후 0.2cm 폭으로 채 썬다.
4. 달걀은 흰자와 노른자를 분리하여 소금을 약간씩넣고 알끈과 거품을 제거하고 0.2cm 두께로 황, 백 지단을 부친 후 완자(마름모꼴) 모양으로 한 면의 길이가 1.5cm로 각 10개를썰고 나머지는 5cm 길이로 자른 후 0.2cm 폭으로 채 썬다.
5. 완성 접시에 담아낸다 – 오이(채)·무(채)·당근(골패썰기)·황지단(채)·백지단(채)
   – 황지단·마름모꼴(10개), 백지단·마름모꼴(10개)

시험장에서의 유의사항

- 재료의 굵기와 길이
- 재료의 양과 색깔 배합

Let's
COOKING